PAUL GAUGUIN, NOA NOA

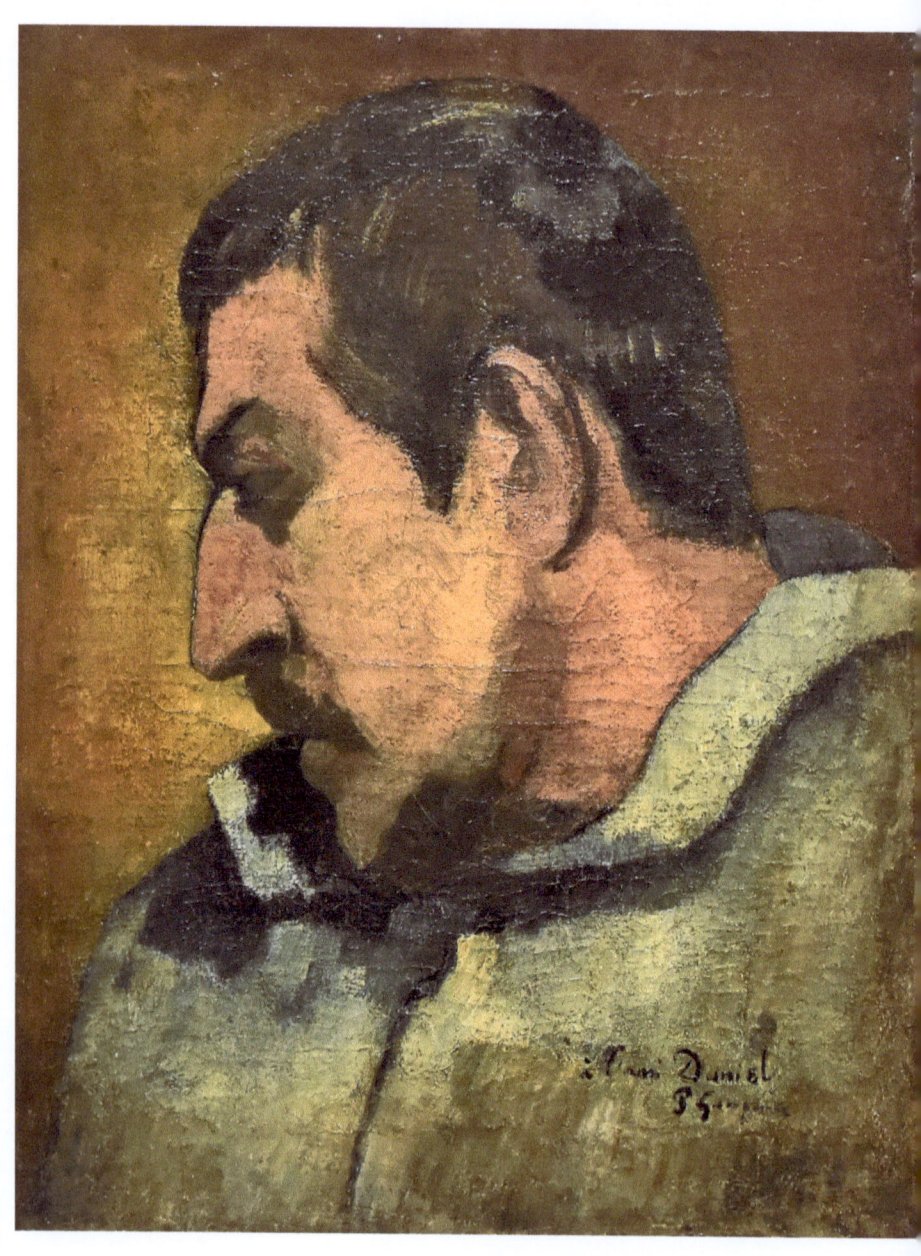

Paul Gauguin

Noa Noa

Der exotische Duft
von Tahiti

Deutsche Ausgabe, farbig illustriert
herausgegeben von
Klaus-Dieter Sedlacek

ToppBook Reisen Bd. 6

Bibliografische Information Der Deutschen Bibliothek:
Die Deutsche Bibliothek verzeichnet diese Publikation
in der Deutschen Nationalbibliografie; detaillierte
bibliografische Daten sind im Internet über
http://dnb.ddb.de
abrufbar.

Illustrierte Ausgabe

Coverdesign, Illustrierung, Buchblock und Satz in Antiqua
sowie sprachliche Fassung in aktueller Rechtschreibung:
Klaus-Dieter Sedlacek
Internet: https://toppbook.de

Herstellung und Verlag: BoD – Books on Demand, Norderstedt.
ISBN 978-3-7526-2583-7

„Dites, qu'avez-vous vu?"

Charles Baudelaire.

Nach dreiundsechzigtägiger Überfahrt, dreiundsechzig Tagen fieberhafter Erwartung, bemerkten wir am 8. Juni in der Nacht seltsame Feuer, die sich im Zickzack auf dem Meere bewegten. Von dem dunkeln Himmel löste sich ein schwarzer Kegel mit zackigen Einschnitten.

Wir umschifften Morea und hatten Tahiti vor uns.

Einige Stunden später begann der Tag zu grauen, wir näherten uns langsam den Klippen, liefen in das Fahrwasser ein und landeten ohne Unfall an der Rhede.

Der erste Anblick dieses Teils der Insel bietet nichts Außergewöhnliches, nichts, das sich z. B. mit der herrlichen Bucht von Rio de Janeiro vergleichen ließe.

Es ist der Gipfel eines zur Zeit der Sintflut überschwemmten Berges. Nur die äußerste Spitze ragte aus der Flut hervor: eine Familie flüchtete sich dahin und gründete ein neues Geschlecht – dann kletterten die Korallen daran empor, setzten sich rings um die Bergspitze fest und bildeten im Laufe der Jahrhunderte neues Land. Es dehnt sich immer noch aus, bewahrt aber den ursprünglichen Charakter der Einsamkeit und Abgeschiedenheit, die das Meer in seiner Unendlichkeit noch erhöht.

Um zehn Uhr morgens stellte ich mich bei dem Gouverneur, dem Schwarzen Lacascade, vor, der mich wie eine Persönlichkeit von Ansehen empfing.

Ich verdankte diese Ehre meiner Mission, mit der die französische Regierung mich – ich weiß nicht warum – betraut hatte. Allerdings war es eine künstlerische Mission, aber in den Augen des Schwarzen war dies Wort nur das offizielle Synonym für Spionage, und ich bemühte mich vergebens, ihn davon abzubringen. Jedermann in seiner Umgebung teilte seine irrige Ansicht, und als ich sagte, dass meine

5

Mission unbezahlt sei, wollte mir dies niemand glauben.

*   *   *

Das Leben zu Papeete wurde mir bald zur Last.

Das war ja Europa – das Europa, von dem ich mich zu befreien geglaubt hatte! – und dazu noch unter den erschwerenden Umständen des kolonialen Snobismus und der bis zur Karikatur grotesken Nachahmung unserer Sitten, Moden, Laster und Kulturlächerlichkeiten.

Sollte ich einen so weiten Weg gemacht haben, um das zu finden, gerade das, dem ich entflohen war!

Aber ein öffentliches Ereignis interessierte mich doch.

Der König Pomare war zu dieser Zeit tödlich erkrankt, und die Katastrophe wurde täglich erwartet.

Die Stadt hatte allmählich ein sonderbares Aussehen angenommen.

Alle Europäer, Kaufleute, Beamte, Offiziere und Soldaten lachten und sangen wie sonst auf den Straßen, während die Eingeborenen sich mit ernsten Mienen und gedämpfter Stimme vor dem Palast unterhielten.

An der Rhede auf dem blauen Meer mit seiner in der Sonne oft jäh aufblitzenden, silberfunkelnden Klippenreihe herrschte eine ungewöhnliche Bewegung orangefarbener Segel. Es waren die Bewohner der benachbarten Inseln, die herbeieilten, den letzten Augenblicken ihres Königs – Frankreichs definitiver Besitznahme ihres Landes beizuwohnen.

Durch Zeichen von oben hatten sie Kunde davon erhalten: denn jedesmal, wenn ein König im Sterben liegt, bedecken die Berge sich an bestimmten Stellen bei Sonnenuntergang mit dunkeln Flecken.

Der König starb und ward in großer Admiralsuniform öffentlich in seinem Palast ausgestellt.

Dort sah ich die Königin Maraü – dies war ihr Name –, die den königlichen Saal mit Blumen und Stoffen schmückte. – Als der Leiter der öffentlichen Arbeiten mich wegen der künstlerischen Ausstattung des Leichenbegängnisses um Rat fragte, wies ich ihn an die Königin, die mit dem schönen Instinkt ihrer Rasse überall Anmut um sich verbreitete und alles, was sie berührte, zu einem Kunstwerk gestaltete.

6

Bei dieser ersten Begegnung verstand ich sie jedoch nur unvollkommen. Menschen und Dinge, die so verschieden von denen waren, wie ich sie gewünscht, hatten mich enttäuscht, ich war angewidert von dieser ganzen europäischen Trivialität und zu kurze Zeit im Lande, um erkennen zu können, wieviel sich in dieser eroberten Rasse unter der künstlichen, verderblichen Tünche unserer Einführungen noch von Nationalität, Ursprünglichkeit und primitiver Schönheit erhalten hatte, ich war in mancher Beziehung noch blind. Ich sah auch in dieser bereits etwas reifen Königin nichts als eine gewöhnliche dicke Frau mit Spuren von edler Schönheit. Als ich sie später wiedersah, änderte ich mein erstes Urteil, ich unterlag dem Reize ihres „maorischen Zaubers". Trotz aller Mischung war der tahitische Typus bei ihr sehr rein. Und dann gab die Erinnerung an ihren Vorfahren, den großen Häuptling Tati, ihr wie ihrem Bruder und der ganzen Familie ein Ansehen von wahrhaft imposanter Größe. Sie hatte die majestätische, prachtvolle Gestalt der Rasse dort, groß und doch anmutig, die Arme wie die Säulen eines Tempels einfach und fest, und der ganze Körperbau, diese gerade horizontale Schulterlinie, die oben spitz auslaufende Höhe erinnerte mich unwillkürlich an das heilige Dreieck, das Symbol der Dreieinigkeit. – In ihren Augen blitzte es zuweilen wie von vage auftauchender Leidenschaft, die sich jäh entzündet und alles ringsum entflammt, – und so vielleicht sind die Inseln selber einst aus dem Ozean aufgetaucht und die Pflanzen darauf beim ersten Sonnenstrahl erblüht.

Alle Tahitaner kleideten sich in Schwarz und sangen zwei Tage lang Trauerweisen und Totenklagen. Mir war, als hörte ich die Sonate Pathétique.

Dann kam der Tag der Bestattung.

Um zehn Uhr morgens verließ der Zug den Palast. Truppe und Behörden in weißem Helm und schwarzem Frack, die Eingeborenen in ihrer düstern Tracht. Alle Distrikte marschierten in der Reihenfolge, und der Anführer eines jeden trug die französische Fahne.

Bei Aruë wurde haltgemacht. Dort erhebt sich ein unbeschreibliches Monument, ein unförmlicher Haufen mit Zement verbundener Steine, der zu der Umgebung und der Atmosphäre in peinlichem Kontrast steht.

Lacascade hielt eine Rede nach bekanntem Muster, die ein Dolmetscher für die anwesenden Franzosen übersetzte. Dann folgte eine Predigt des protestantischen Pastors, auf die Tati, der Bruder der Königin, ein paar Worte erwiderte – das war alles. Man brach auf, und die Beamten drängten sich in den Wagen zusammen, es erinnerte etwas an „die Rückkehr von einem Rennen".

Unterwegs, wo die Gleichgültigkeit der Franzosen den Ton angab, fand dieses seit mehreren Tagen so ernste Volk seine Fröhlichkeit wieder. Die Vahinas nahmen wieder den Arm ihrer Tanés, sprachen lebhaft und wiegten sich in den Hüften, während ihre kräftigen nackten Füße den Staub des Weges aufwühlten.

In der Nähe des Flusses Fatüa zerstreute sich alles. Zwischen den Steinen versteckt, kauerten hier und dort Frauen mit bis zum Gürtel aufgenommenen Röcken im Wasser, um ihre Hüften und die vom Marsch und von der Hitze ermüdeten Beine zu erfrischen. So gereinigt machten sie sich, stolz den Busen tragend, über dem der dünne Musselin sich straffte, mit der Grazie und Elastizität junger gesunder Tiere wieder auf den Weg nach Papeete. Ein gemischtes, halb animalisches, halb pflanzliches Parfüm strömte von ihnen aus, das Parfüm ihres Blutes und der Gardenien – Tiaré –, die alle in den Haaren trugen.

– *Téiné merahi noa noa* (jetzt sehr wohlriechend), sagten sie.

*   *   *

... Die Prinzessin trat in meine Kammer, wo ich leidend, nur mit einem Paréo[1] bekleidet, auf dem Bett lag. Wahrlich keine Art, eine Frau von Rang zu empfangen.

Ja orana (ich grüße dich), Gauguin, sagte sie. Du bist krank, ich komme, um nach dir zu sehen.

– Und du heißest?

– Vaïtüa.

Vaïtüa war eine wirkliche Prinzessin, wenn es solche überhaupt noch gibt, seitdem die Europäer alles auf ihr Niveau herabgedrückt haben. Freilich war sie als einfache Sterbliche mit nackten Füßen, eine duftende Blume hinterm Ohr, in schwarzem Kleide gekommen. Sie ging in Trauer um den König Pomare, dessen Nichte sie war. Ihr Vater, Tamatoa, hatte trotz der unvermeidlichen Berührung mit Offizieren und Beamten, trotz der Empfänge bei dem Admiral, niemals etwas anders sein wollen als ein königlicher Maorie, ein gigantischer Raufbold in Momenten des Zornes, und bei abendlichen Orgien ein

---

1   Paréo – Gürtel, einziges Kleidungsstück der Eingeborenen.

berühmter Zecher. Er war gestorben. Vaïtüa, behauptete man, gliche ihm sehr.

Ein skeptisches Lächeln auf den Lippen, betrachtete ich diese gefallene Prinzessin mit der Dreistigkeit des eben auf der Insel gelandeten Europäers. Aber ich wollte höflich sein.

– Es ist sehr freundlich von dir, dass du gekommen bist, Vaïtüa. Wollen wir zusammen einen Absinth trinken?

Und mit dem Finger weise ich in eine Ecke der Kammer auf eine Flasche, die ich soeben gekauft hatte.

Ohne Unmut noch Freude zu zeigen, geht sie einfach hin und bückt sich, um die Flasche zu nehmen. Bei dieser Bewegung spannte ihr leichtes, durchsichtiges Kleid sich über den Lenden, – es waren Lenden, eine Welt zu tragen! O, sicherlich war es eine Prinzessin! Ihre Vorfahren? Stolze, tapfere Riesen. Fest saß ihr stolzer, wilder Kopf auf den breiten Schultern. Zuerst sah ich nur ihre Menschenfresserkiefer, ihre zum Zerreißen bereiten Zähne, den lauernden Blick eines grausamen, listigen Tieres und fand sie trotz einer schönen edlen Stirn sehr hässlich.

Wenn ihr nur nicht einfiele, sich auf mein Bett zu setzen! Ein so schwaches Gestell könnte uns beide ja nicht tragen ...

Aber gerade das tut sie.

Das Bett krachte, hielt es jedoch aus.

Beim Trinken wechseln wir einige Worte. Die Unterhaltung will aber nicht lebhaft werden. Sie ermattet schließlich, und es herrscht Schweigen. Ich beobachte die Prinzessin insgeheim, sie sieht mich aus einem Augenwinkel verstohlen an, die Zeit geht hin, und die Flasche leert sich. Vaïtüa trinkt tapfer. Sie dreht sich eine tahitische Zigarette und streckt sich auf dem Bett aus, um zu rauchen. Ihre Füße streichen ganz mechanisch fortwährend über das Holz unten am Fußende, ihre Züge besänftigen sich, werden sichtlich weich, ihre Augen glänzen – und ein regelmäßiges Pfeifen entschlüpft ihren Lippen – mir war, als hörte ich das Schnurren einer Katze, die auf blutige Genüsse sinnt.

Da ich veränderlich bin, fand ich sie jetzt sehr schön, und als sie mit bewegter Stimme sagte: „Du gefällst mir", überkam mich eine große Unruhe. Die Prinzessin war entschieden köstlich ...

Ohne Zweifel, um mir zu gefallen, begann sie eine Fabel von La Fontaine, die *Grille und die Ameise* zu erzählen – eine Erinnerung

aus der Zeit ihrer Kindheit bei den Schwestern, die sie unterrichtet hatten.

Die ganze Zigarette war in Brand.

– Weißt du, Gauguin, sagte die Prinzessin, und erhob sich, ich liebe deinen La Fontaine nicht.

– Wie? Unsern guten La Fontaine?

– Vielleicht ist er gut, aber seine Moral ist hässlich. Ameisen ... (ihr Mund drückte Abscheu aus). Ja, Grillen, die, ah! Singen, singen, immer singen!

Und stolz, ohne mich anzusehen, mit leuchtenden, ins Weite blickenden Augen fügte sie hinzu:

– Wie herrlich war unser Reich, als noch nichts verkauft wurde! Das ganze Jahr hindurch wurde gesungen ... Singen, immer! Immer geben! ...

Und sie ging.

Ich legte mich wieder auf mein Kissen zurück, und lange klangen die Worte: *Ja orana*, Gauguin, schmeichelnd in mir nach.

Diese Episode, die mir mit dem Tode des Königs Pomare in Erinnerung geblieben ist, hat tiefere Spuren in meinem Gedächtnis hinterlassen als das Ereignis und die offizielle Feier.

Die Bewohner von Papeete selber, sowohl Eingeborene wie Weiße, vergaßen den Verblichenen schnell. Die von den Nachbarinseln gekommen waren, um dem königlichen Leichenbegängnis beizuwohnen, fuhren wieder fort, noch einmal kreuzten Tausende von orangefarbenen Segeln das blaue Meer, und alles nahm wieder seinen gewohnten Gang.

Es gab nur einen König weniger.

Mit ihm verschwanden die letzten Spuren alter Traditionen. Mit ihm schloß die Geschichte der Maorie ab. Sie war zu Ende. Die Zivilisation – Soldaten, Handel und Beamtentum – triumphierte, leider!

Eine tiefe Traurigkeit bemächtigte sich meiner. Der Traum, welcher mich nach Tahiti geführt, wurde durch die Tatsachen grausam verscheucht. Ich liebte das Tahiti von eh, das jetzige flößte mir Grauen ein.

Doch als ich die noch erhaltene physische Schönheit der Rasse sah, konnte ich nicht daran glauben, dass sie nichts von ihrer antiken Größe, von ihren persönlichen und natürlichen Sitten, von ihrem

Glauben und ihren Legenden bewahrt haben sollte. Aber wie die Spuren dieser Vergangenheit, wenn sie solche hinterlassen hat, allein entdecken? wie sie ohne Führung erkennen? Wie das Feuer wieder entzünden, von dem selbst die Asche zerstreut ist?

So niedergeschlagen ich auch sein mag, pflege ich mein Vorhaben doch niemals aufzugeben, ohne alles, selbst „das Unmögliche" versucht zu haben, um zum Ziele zu gelangen.

Mein Entschluss war bald gefasst. Ich beschloss, Papeete zu verlassen, mich von dem europäischen Mittelpunkt zu entfernen.

Ich fühlte, dass, wenn ich das Leben der Eingeborenen im Busch völlig mit ihnen teilte, ich allmählich das Vertrauen der Maorie gewinnen und – sie kennenlernen würde.

Und eines Morgens machte ich mich in meinem Wagen auf, den ein Offizier mir liebenswürdig zur Verfügung gestellt hatte, um „meine Hütte" zu suchen.

Meine Vahina namens Titi begleitete mich. Halb englischer, halb tahitischer Abstammung sprach sie etwas Französisch. Für diese Fahrt hatte sie ihr schönstes Kleid angelegt, die Tiaré hinterm Ohr, ihren oben mit Band, unten mit Strohblumen und einer Garnitur orangefarbener Muscheln geputzten Basthut aufgesetzt und das lange schwarze Haar aufgelöst über die Schultern hängen. Sie war stolz, in einem Wagen zu fahren, stolz, so elegant und die Vahina eines Mannes zu sein, den sie für einflussreich und vermögend hielt, und war wirklich hübsch in ihrem Stolz, der nichts Lächerliches hatte, so sehr passt die majestätische Miene zu dieser Rasse, die im Andenken an die weit zurückreichende Geschichte ihrer Herrschaft und eine unbestimmte Reihe großer Häuptlinge diesen herrlichen Stolz bewahrt. – Ich wusste zwar, dass ihre sehr berechnete Liebe in den Augen der Pariser nicht schwerer gewogen hätte als die feile Gefälligkeit einer Dirne. Aber die Liebesglut einer maorischen Kurtisane ist etwas ganz anderes als die Passivität einer Pariser Kokotte – ganz etwas anderes! Es ist ein Feuer in ihrem Blute, das Liebe, seine eigentliche Nahrung, erweckt, das Liebe atmet. Diese Augen und dieser Mund können nicht lügen, ob uneigennützig oder nicht, es spricht immer Liebe aus ihnen.

Der Weg durch die reiche und einförmige Landschaft war bald zurückgelegt. Zur Rechten immer das Meer, die Korallenriffe und Wasserfälle, die zuweilen wie Dampf zerstoben, wenn die Wellen in zu ungestüme Berührung mit den Felsen kamen. Zur Linken den

Busch mit der Aussicht auf große Wälder.

Mittags hatten wir unsere fünfundvierzig Kilometer hinter uns und erreichten den Distrikt von Mataiëa.

Ich sah mich um und fand schließlich eine leidlich hübsche Hütte, die der Eigentümer mir zur Miete überließ. Er baute sich daneben eine neue, die er bewohnen wollte.

Am Abend des nächsten Tages, als wir nach Papeete zurückkehrten, fragte mich Titi, ob ich sie nicht mit mir nehmen wolle.

– Später, in einigen Tagen, wenn ich eingerichtet sein werde, sagte ich.

Titi hatte in Papeete einen furchtbaren Ruf, nachdem sie mehrere Liebhaber unter die Erde gebracht. Aber nicht das machte mich ihr abwendig. Sie hatte als halbe Weiße, und trotz Spuren tiefer, origineller und echt maorischer Eigentümlichkeiten durch zahlreiche Beziehungen viel von ihren „Rassemerkmalen" eingebüßt. Ich fühlte, dass sie mich nichts von dem lehren konnte, was ich wissen wollte, und mir nichts von dem erlesenen Glück gewähren, das ich begehrte.

Außerdem sagte ich mir, dass ich auf dem Lande finden würde, was ich suchte und nur zu wählen brauchte.

*   *   *

Von einer Seite das Meer, an der anderen das Gebirge, zerklüftetes Gebirge, ein enormer Spalt, den ein an dem Felsen lehnender, hoher Mangobaum verdeckt.

Zwischen Berg und Meer steht meine Hütte vom Holz des Bourao. Daneben eine zweite, die ich nicht bewohne, *die faré amu* (Speisehütte).

Morgen.

Auf dem Meer nahe am Strande sehe ich eine Piroge[2] und darin eine halb nackte Frau. Am Strand einen Mann, ebenfalls unbekleidet. Ein kranker Kokosnussbaum mit verschrumpften Blättern gleicht einem ungeheuren Papagei, der seinen vergoldeten Schwanz herabhängen lässt und eine volle Traube in den Krallen hält. Mit harmonischer Gebärde hebt der Mann mit beiden Händen ein schweres Beil, das oben auf dem silbrigen Himmel eine blaue Spur, unten einen rosigen Einschnitt auf dem abgestorbenen Stamme hinterläßt, wo die von Tag zu Tag aufgesparte Glut von Jahrhunderten in den Flammen ei-

---

2   Leichtes, aus einem Stamm gemachtes Fahrzeug der Wilden.

13

nes Augenblicks wieder aufleben wird.

Lange schlangenartige Blätter von einem metallischen Gelb auf dem purpurnen Boden gemahnten mich an die Züge einer geheimen, religiösen, alten Schrift. Deutlich bildeten sie das heilige Wort australischen Ursprungs ATUA – Gott – den Taäta oder Takata oder Tathagata, der in ganz Indien überall herrschte. Und wie eines mystischen Zuspruchs in meiner schönen Einsamkeit und meiner schönen Armut erinnerte ich mich wieder der Worte des Weisen:

In den Augen des Tathagata ist die herrlichste Pracht von Königen und seinen Ministern nichts als Auswurf und Staub.

In seinen Augen ist Reinheit und Unreinheit wie der Tanz der sechs Nagas.

In seinen Augen ist das Suchen nach dem Anblick des Buddha gleich den Blumen.

In der Piroge ordnete die Frau einige Netze.

Die blaue Linie des Meeres wurde häufig von dem Grün der Wogenkämme unterbrochen, die an den Korallenriffen brandeten.

Abend.

Ich war an den Strand gegangen, um eine Zigarette zu rauchen.

Die rasch bis zum Horizont gesunkene Sonne versteckte sich schon zur Hälfte hinter der Insel Morea, die mir zur Rechten lag. In dem Zwielicht standen die Berge, deren Vorsprünge alten, mit Zinnen gekrönten Schlössern glichen, in festen schwarzen Silhouetten auf der violetten Glut des Himmels.

Kein Wunder, dass mich vor diesen natürlichen Bauwerken Herrscher-Visionen verfolgen! Der Gipfel dort unten hat die Gestalt eines riesigen Helmes. Die Wogen ringsum, deren Rauschen wie das Lärmen einer gewaltigen Menge klingt, werden ihn niemals erreichen. Unter der Ruinenpracht steht der Helm allein, Beschützer und Zeuge, ein Nachbar des Himmels. Ich fühle von dem Haupte droben einen heimlichen Blick in die Wasser tauchen, die einst das sündige Geschlecht der Lebenden verschlungen hatten, und von dem weiten Spalt, der sein Mund sein könnte, fühle ich ein Lächeln der Ironie oder des Mitleids über das Wasser schweifen, wo die Vergangenheit schläft.

Die Nacht brach schnell herein. Morea schlief.

14

*   *   *

Stille! Ich lernte die Stille einer tahitischen Nacht kennen.

Ich vernahm nichts als das Schlagen meines Herzens in der Stille.

Aber die Mondstrahlen fielen durch das in gleicher Entfernung voneinander stehende Bambusrohr vor meiner Hütte bis auf mein Bett. Und dieser gleichmäßige Schein erweckte in mir die Vorstellung eines Musikinstrumentes, der Rohrpfeife der Alten, die den Maories bekannt ist und von ihnen *Vivo* genannt wird. Mond und Bambusrohr zeichneten es übertrieben: als ein Instrument, das tagsüber schweigt, aber nachts, dank dem Monde, dem Träumer liebe Melodien ins Gedächtnis zurückruft. Ich schlief bei dieser Musik ein.

Zwischen dem Himmel und mir nichts als das hohe, leichte Dach von Pandanusblättern, in denen die Eidechsen nisten.

Ich bin weit fort von jenen Gefängnissen, den europäischen Häusern!

Eine maorische Hütte trennt den Menschen nicht vom Leben, von Raum und Unendlichkeit ...

Indessen fühlte ich mich dort sehr einsam.

Die Bewohner der Gegend und ich beobachteten einander gegenseitig, und der Abstand zwischen uns blieb der gleiche.

Seit dem zweiten Tage waren meine Vorräte erschöpft. Was tun? Ich hatte geglaubt, für Geld alles Notwendige zu finden. Ich hatte mich jedoch getäuscht. Sobald man die Stadt verlassen hat, muß man sich an die Natur halten, um zu leben, und sie ist reich, sie ist freigebig und verweigert keinem einen Anteil an ihren Schätzen, die unerschöpflich an Bäumen, in den Bergen und im Meere aufgespeichert sind. Aber man muß verstehen, auf die hohen Bäume zu klettern, die Berge zu besteigen und mit schwerer Beute beladen zurückkehren, man muss Fische fangen, tauchen, auf dem Meeresgrund die fest an den Steinen haftenden Muscheln losreißen können, – man muß wissen, muß können.

Ich, der Kulturmensch, stand in dieser Hinsicht weit hinter den Wilden zurück. Ich beneidete sie. Ich sah ihr glückliches, friedliches Leben um mich her, ohne größere Anstrengung, als die täglichen Bedürfnisse es erforderten – ohne die geringste Sorge um Geld. Wem sollte man etwas verkaufen, wo die Erzeugnisse der Natur jedem zu Gebote stehen?

Da, als ich mit leerem Magen auf der Schwelle meiner Hütte saß und betrübt an meine Lage und die unvorhergesehenen, vielleicht unüberwindlichen Hindernisse dachte, die die Natur zwischen sich und den Kulturmenschen stellt – bemerkte ich einen Eingeborenen, der mir gestikulierend etwas zurief. Die sehr ausdrucksvollen Gebärden ersetzten die Worte, und ich verstand, dass mein Nachbar mich zum Essen einlud. Mit einem Kopfschütteln lehnte ich ab. Dann ging ich beschämt, ich glaube ebenso sehr, weil ich das Anerbieten zurückgewiesen, wie wenn ich es angenommen hätte, in meine Hütte zurück.

Nach einigen Minuten stellte ein kleines Mädchen, ohne etwas zu sagen, gekochtes Gemüse und sauber von frisch gepflückten grünen Blättern umhüllte Früchte vor meine Tür. Ich war hungrig. Und ebenfalls ohne ein Wort zu sagen, nahm ich es an.

Kurz darauf ging der Mann an meiner Hütte vorüber und fragte lächelnd, ohne stehen zu bleiben:

– Païa?

Ich erriet: Bist du zufrieden?

Das war der Beginn gegenseitiger Vertraulichkeit zwischen mir und den Wilden.

„Wilde!" dieses Wort kam mir unwillkürlich über die Lippen, als ich diese schwarzen Wesen mit den Kannibalen-Zähnen betrachtete. Doch bald erkannte ich ihre echte, ihre fremdartige Anmut ... Wie jenes braune Köpfchen mit den sanften niedergeschlagenen Augen, jenes Kind unter Büschen großer Blätter des Giromon mich eines Morgens ohne mein Wissen beobachtete und entfloh, als mein Blick dem seinen begegnete ...

Wie sie mir, war ich ihnen ein Gegenstand der Beobachtung und eine Ursache des Staunens, einer, dem alles neu war, der nichts kannte. Denn ich kannte weder ihre Sprache, noch ihre Gebräuche, selbst nicht die einfachsten notwendigen Handgriffe. – Wie jeder von ihnen für mich, war ich für jeden von ihnen ein Wilder.

Und wer von uns beiden hatte recht?

Ich versuchte zu arbeiten, machte allerlei Notizen und Skizzen.

Aber die Landschaft mit ihren starken, reinen Farben blendete mich, machte mich blind. Ich war immer unentschieden, suchte und suchte ...

Und dabei war es so einfach zu malen, wie ich es sah, ohne viel

Überlegung ein Rot neben ein Blau zu setzen! Vergoldete Gestalten in Bächen und am Strande entzückten mich, warum zögerte ich, diesen Sonnenjubel auf meine Leinwand zu bannen.

Oh! diese alten europäischen Überlieferungen! die furchtsame Ausdrucksart entarteter Rassen!

Um mich mit dem eigentümlichen Charakter eines tahitischen Gesichts vertraut zu machen, wollte ich das Porträt einer meiner Nachbarinnen, einer jungen Frau rein tahitischer Abstammung, machen. – Eines Tages faßte sie sich ein Herz, in meine Hütte zu kommen und sich Fotografien von Bildern anzusehen, mit denen ich eine Wand meiner Kammer tapeziert hatte. Sie betrachtete sie lange, mit ganz besonderem Interesse die *Olympia*.

– Wie gefällt dir das? fragte ich sie. (Ich hatte in den zwei Monaten, wo ich nicht mehr fanzösisch sprach, ein paar tahitische Worte gelernt.)

Meine Nachbarin erwiderte:

– Sie ist sehr schön.

Ich lächelte über diese Bemerkung, und sie rührte mich. Hatte sie denn Verständnis für das Schöne? Was aber würden die Professoren der Akademie der Schönen Künste dazu sagen?

Nach einem fühlbaren Schweigen, wie es einer Gedankenfolgerung vorauszugehen pflegt, fügte sie plötzlich hinzu:

– Ist das deine Frau?

– Ja.

Ich scheute diese Lüge nicht. Ich, der *Tané* der schönen Olympia!

Während sie neugierig einige religiöse Kompositionen der italienischen Primitiven prüfte, begann ich eilig, ohne dass sie es sah, ihr Porträt zu skizzieren.

Sie merkte es plötzlich, rief schmollend – Aïta! (Nein) und lief davon.

Eine Stunde später war sie in einem schönen Kleid, die Tiaré hinterm Ohr, wieder da. – Geschah es aus Koketterie? aus Freude, nach der Weigerung freiwillig nachzugeben? Oder war es einfach das Lockende der verbotenen Frucht, die man sich selber verwehrt? Oder noch einfacher vielleicht bloße Laune, ohne jeden andern Beweggrund, wie die Maories sie gewohnt sind?

Ohne Zögern machte ich mich an die Arbeit, ohne Zögern und

17

fieberhaft. Ich war mir bewusst, dass von meiner Leistung als Maler die physische und moralische Ergebenheit des Modells, eine rasche, stillschweigende, unweigerliche Einwilligung abhing.

Nach unsern Regeln der Ästhetik war sie wenig schön.

Aber sie war schön.

Ihre Züge waren von einer raffaelischen Harmonie, und den Mund hatte ein Bildhauer modelliert, der es versteht, in eine einzige bewegliche Linie alle Freude und alles Leid zu legen.

Ich arbeitete hastig und leidenschaftlich, denn ich wußte wohl, dass auf die Zustimmung noch nicht zu rechnen war. Ich zitterte davor, in diesen großen Augen Furcht zu lesen und Verlangen nach dem Unbekannten, die Melancholie bitterer Erfahrung, die jeder Lust zugrunde liegt, wie das unfreiwillige, souveräne Gefühl der Selbstbeherrschung. Solche Geschöpfe scheinen uns zu unterliegen, wenn sie sich uns geben, und unterliegen doch nur ihrem eigenen Willen. Sie beherrscht eine Kraft, die etwas Übermenschliches hat – oder vielleicht etwas göttlich Animalisches.

*   *   *

Jetzt arbeitete ich freier, besser.

Aber meine Einsamkeit quälte mich. Ich sah in dieser Gegend zwar junge Frauen und Mädchen mit ruhigem Blick, echte Tahitianerinnen, und einige darunter hätten vielleicht gern das Leben mit mir geteilt. – Aber ich wagte nicht, sie anzureden. Sie schüchterten mich wirklich ein mit ihrem sicheren Blick, der Würde ihrer Haltung und den stolzen Gebärden.

Dennoch wollen alle „genommen", buchstäblich brutal genommen sein (*maü*, ergreifen), ohne ein Wort. Alle haben den geheimen Wunsch nach Vergewaltigung: Weil durch diesen Akt männlicher Autorität der Weibswille seine volle Unverantwortlichkeit behält – denn so hat es ja nicht seine Einwilligung zum Beginn einer dauernden Liebe gegeben. Möglich, dass dieser erst so empörenden Gewalt ein tiefer Sinn zugrunde liegt, möglich auch, dass sie ihren wilden Reiz hat. Ich dachte wohl daran, aber ich wagte es nicht.

Und dann hielt man mehrere von ihnen für krank, von jener Krankheit befallen, die den Wilden als erste Stufe des Kulturlebens von den Europäern gebracht wird ...

Und wenn die Alten, auf eine von ihnen weisend, zu mir sagten:

– Maü téra (nimm diese), hatte ich weder die notwendige Kühnheit noch Vertrauen. Ich ließ Titi sagen, dass ich sie mit Vergnügen wieder aufnehmen wolle.

Sie kam sogleich.

Der Versuch missglückte, und an der Langeweile, die ich in der Gesellschaft dieser an den banalen Luxus der Beamten gewöhnten Frau empfand, konnte ich ermessen, welche Fortschritte ich bereits in dem schönen Leben der Wilden gemacht hatte.

Nach Verlauf einiger Wochen schieden Titi und ich für immer voneinander.

Ich war wieder allein.

*　　*　　*

Meine Nachbarn sind mir Freunde geworden. Ich esse und kleide mich wie sie. Wenn ich nicht arbeite, teile ich ihr Leben der Einfalt und der Freude, das sich zuweilen jäh in Ernst verwandelt.

Abends versammelt man sich in Gruppen am Fuße der buschigen Sträucher, die die zerzausten Wipfel der Kokosnussbäume überragen, oder Männer und Frauen, Greise und Kinder vereinen sich. Die einen stammen aus Tahiti, andere von den Tongas- und wieder andere von den Marquesas-Inseln. Die matten Töne ihrer Körper stimmen harmonisch zu dem Sammet des Laubes, und aus ihrer kupfernen Brust steigen zitternd Melodien, die von den rauen Stämmen der Kokosnussbäume gedämpft zurückgeworfen werden. Es sind tahitische Gesänge, die *Iménés*.

Eine Frau beginnt, ihre Stimme erhebt sich gleich einem Vogel im Fluge und geht durch alle Töne bis zum höchsten der Tonleiter, steigt und singt in starken Modulationen und schwebt schließlich über den Stimmen der übrigen Frauen, die ihrerseits nun auffliegen, wenn man so sagen darf, ihr folgen und sie getreulich begleiten. Mit einem einzigen gutturalen, barbarischen Schrei schließen zuletzt alle Männer einstimmig den Gesang.

Zuweilen kommt man zum Plaudern oder Singen in einer Hütte zusammen.

Mit einem Gebet wird begonnen, ein Greis spricht es gewissenhaft vor, und alle Anwesenden wiederholen es. Dann wird gesungen, oder es werden lustige Geschichten erzählt. Der Inhalt dieser Erzählungen ist sehr zart, kaum greifbar, es sind in das Gewebe gestickte,

durch ihre Naivität so feine Details, die sie belustigen.

Seltener gibt man sich mit der Erörterung ernster Fragen oder weiser Vorschläge ab. Eines Abends wurde folgender gemacht, den ich nicht ohne Staunen hörte:

– In unserm Dorf, sagte ein Greis, sieht man hier und dort zerfallene Häuser, geborstene Mauern und morsche halb offene Dächer, durch die Nässe dringt, wenn es zufällig einmal regnet. Warum? Jedermann hat das Recht, vor Wind und Wetter geschützt zu sein. Es fehlt weder an Holz noch an Laub zur Herstellung der Dächer. Ich schlage vor, gemeinschaftlich geräumige solide Hütten anstelle der unbewohnbar gewordenen zu bauen. Wir wollen alle der Reihe nach Hand anlegen.

Alle Anwesenden spendeten ihm ohne Ausnahme Beifall:

Der Antrag des Greises wurde einstimmig angenommen.

Ein kluges und gutes Volk, dachte ich, als ich abends nach Hause kam.

Aber am folgenden Tage, als ich mich nach dem Beginn der gestern verabredeten Arbeit erkundigte, merkte ich, dass niemand mehr daran dachte. Das tägliche Leben nahm wieder seinen Gang, und die von dem weisen Ratgeber bezeichneten Häuser blieben zerfallen wie zuvor.

Auf meine Fragen erhielt ich nur ein ausweichendes Lächeln zur Antwort.

Aber gerunzelte Brauen zogen bedeutsame Linien in diese träumerischen Stirnen.

Ich zog mich verwirrt, aber mit dem Gefühl zurück, eine tüchtige Lektion von meinen Wilden erhalten zu haben. Sie taten wahrlich recht, dem Vorschlag des Greises beizustimmen. Vielleicht hatten sie auch recht, dem gefassten Entschluss nicht weiter Folge zu leisten.

Wozu arbeiten? Die Götter sind da, ihren Getreuen von den Gütern der Natur zu spenden.

– Morgen?

– Vielleicht! Aber was auch geschehen mag, heiter und wohltätig wird die Sonne morgen aufgeben, wie sie es heute getan.

Ist das Sorglosigkeit, Leichtsinn, Unbeständigkeit? Oder vielleicht tiefe Philosophie? – Wer weiß? Hütet euch vor dem Luxus! Hütet euch, unter dem Vorwande der Vorsorge Geschmack daran zu finden und ihn für notwendig zu halten ...

Das Leben gestaltete sich täglich besser. Ich verstehe die Sprache der Maories jetzt ziemlich gut und werde sie bald ohne Mühe sprechen können.

Meine Nachbarn – drei ganz in der Nähe und andere zahlreiche in einiger Entfernung voneinander – betrachten mich als einen der Ihren.

In der fortwährenden Berührung mit den Kieselsteinen sind meine Füße abgehärtet und an den Boden gewöhnt. Mein fast beständig nackter Körper leidet nicht mehr unter der Sonne.

Die Zivilisation verlässt mich allmählich.

Ich fange an einfach zu denken, nur wenig Hass gegen meinen Nächsten zu empfinden – eher ihn zu lieben.

Ich genieße alle Freuden des Lebens – animalische wie menschliche. Bin alles Erkünstelten, aller Konvention, aller Gewohnheiten ledig. Ich komme der Wahrheit nahe, der Natur. Mit der Gewissheit, eine Reihe freier, schöner Tage wie der heutige vor mir zu haben, senkt sich Friede auf mich herab, ich entwickle mich normal und beschäftige mich nicht mit unnützen Dingen.

Ich habe einen Freund gewonnen.

Er ist von selber zu mir gekommen, und ich darf gewiß sein, dass kein niedriger Eigennutz ihn dazu veranlasst hat.

Es ist einer meiner Nachbarn, ein schlichter, sehr schöner, junger Bursche.

Meine farbigen Bilder und meine Holzschnitzereien haben seine Neugierde geweckt; meine Antworten auf seine Fragen haben ihn belehrt. Es vergeht kein Tag, an dem er mir nicht beim Malen oder Schnitzen zuschaut ...

Noch jetzt, nach so langer Zeit, erinnere ich mich gern der wahren, echten Gefühle, die ich in dieser wahren, echten Natur erweckte.

Abends, wenn ich von meiner Arbeit ausruhte, plauderten wir miteinander. Als neugieriger junger Wilder fragte er mich nach europäischem Leben, besonders nach Liebessachen, und mehr als einmal brachten seine Fragen mich in Verlegenheit.

Aber seine Antworten waren noch naiver als seine Fragen.

Eines Tages gab ich ihm meine Werkzeuge und ein Stück Holz, ich wollte, dass er den Versuch machte zu schnitzen. Verwirrt und schweigend schaute er mich erst an, dann gab er mir Holz und Werkzeug wieder zurück und sagte schlicht und treuherzig, ich sei nicht wie die andern, ich verstände Dinge, zu denen andere Menschen unfähig wären, und sei *andern nützlich*.

Ich glaube, Jotéfa ist der erste Mensch, der mir das gesagt hat – es war die Sprache des Wilden oder des Kindes, denn man muß eins von beiden sein, nicht wahr, um zu glauben, dass ein Künstler – ein *nützlicher Mensch* sei.

*   *   *

Einmal brauchte ich Rosenholz zu meiner Schnitzerei. Ich wollte einen festen starken Stamm und fragte Jotéfa um Rat.

– Man muss in die Berge gehen, sagte er. Ich weiß an einer bestimmten Stelle mehrere schöne Bäume. Wenn du willst, führe ich dich hin. Wir fällen einen Baum, der dir zusagt, und tragen ihn zusammen her.

Zeitig am Morgen brachen wir auf. Die Fußsteige auf Tahiti sind ziemlich beschwerlich für einen Europäer und das Gehen im Gebirge erfordert, selbst für die Eingeborenen, eine Kraftanstrengung, zu der sie sich nicht unnötig entschließen.

Zwischen zwei Bergen, zwei steilen Basaltwänden, die nicht zu erklimmen sind, gähnt ein Spalt, in dem das Wasser sich zwischen Felsblöcken hindurchwindet, die sich von der Seitenwand gelöst haben, um einer Quelle den Weg zu bahnen. Die zum Bach angewachsene Quelle hat an ihnen gerüttelt und gerückt und sie schließlich etwas weiter fortgedrängt, bis der Bach, zum Strom angeschwollen, sie mitgerissen und bis zum Meer getragen. An jeder Seite dieses Baches führt, oft von wahren Kaskaden unterbrochen, eine Art von Weg durch ein buntes Gemisch von Bäumen, Brotbäumen, Eisenbäumen, Bouraos, Kokosnussbäumen, Hibiskus, Pandanus, Guavabäumen und Riesenfarnen, eine tolle Vegetation, die immer wilder und dichter und schließlich zu einem immer undurchdringlicheren Dickicht wird, je weiter man zum Mittelpunkt der Insel vordringt.

Wir gingen beide nackt, mit dem weißblauen Paréo umgürtet, das Beil in der Hand und mussten unzählige Male den Bach durchschreiten, um ein Stück Weges abzuschneiden, den mein Führer mehr mit dem Geruche als mit dem Auge zu entdecken schien, denn ein prächtiges Gewirr von Gras, Blättern und Blumen hatte den Boden ganz bedeckt.

Es herrschte vollkommene Stille, trotz des klagenden Rauschens des Wassers in den Felsen, eines einförmigen Rauschens, einer sanften, leisen Klage – wie die Begleitung der Stille.

Und in diesem Walde, in dieser Einsamkeit, dieser Stille wir beide allein, – er, ein ganz junger Mann, und ich, fast ein Greis, dem viele Illusionen den zarten Hauch von der Seele gestreift, viele Anstrengungen den Körper erschlafft und eine physisch und moralisch kranke Gesellschaft ihre Laster, dies alte verhängnisvolle Erbe hinterlassen!

Mit der animalisch geschmeidigen Anmut seiner Androgynen-Gestalt schritt er vor mir her. Ich meinte die ganze Pflanzenpracht ringsum in ihm verkörpert zucken und leben zu sehen.

War es ein Mensch, der da vor mir ging? War es der kindliche Freund, bei dem mich das Einfache und Komplizierte seiner Natur zugleich angezogen? War es nicht vielmehr der Wald selber, der lebendige Wald, geschlechtslos und – verführerisch?

Bei diesen nackten Völkerschaften ist der Unterschied der Geschlechter, wie bei den Tieren, weniger betont als in unsern Klimaten. Mit Gürtel und Schnürleib ist es uns gelungen, aus der Frau eine Anomalie, ein künstliches Wesen zu schaffen, das die Natur uns, den Gesetzen der Vererbung gehorchend, zu komplizieren und zu entkräften hilft, und das wir sorgfältig in einem Zustand nervöser Schwäche und unzulänglicher Muskelkraft erhalten, indem wir es vor Ermüdung bewahren und ihm die Gelegenheit nehmen, sich zu entwickeln. Da unsere Frauen nach einem so bizarren Ideal von Schlankheit geformt sind – bei dem wir, seltsam genug, verharren –, haben sie nichts Gemeinsames mehr mit uns, was vielleicht nicht ohne ernste moralische und soziale Nachteile bleibt.

Auf Tahiti kräftigt die Wald- und Meeresluft die Lungen, macht Schultern und Hüften breit, und weder Männer noch Frauen werden von den Strahlen der Sonne und den Kieselsteinen am Strand verschont. Sie verrichten zusammen die gleichen Arbeiten, mit demselben Fleiß oder demselben Gleichmut. Es ist etwas Männliches an diesen, und an jenen etwas Weibliches.

Diese Ähnlichkeit der Geschlechter erleichtert ihre Beziehungen, und die stete Nacktheit gibt den Sitten eine natürliche Unschuld und vollkommene Reinheit, weil den Gemütern die Beschäftigung mit dem gefährlichen Mysterium fehlt, das einen „glücklichen Zufall" so bedeutungsvoll macht, und ihnen das verstohlene oder sadistische Wesen der Liebe bei den Kulturmenschen fremd ist. Mann und Frau, die Kameraden und mehr Freunde als Liebende sind, leben in Freud und Leid fast unausgesetzt zusammen, und selbst den Begriff des Lasters kennen sie nicht.

Warum erwachte in diesem Rausch von Duft und Licht nun plötzlich bei dem alten Kulturmenschen, mit dem Reiz des Neuen, Unbekannten, trotz der geringeren sexuellen Unterschiede, jene furchtbare Begierde?

Das Fieber pochte in meinen Schläfen und mir wankten die Knie.

Aber der Weg war zu Ende, mein Gefährte wandte sich, um den Bach zu durchschreiten, und kehrte sich mir bei der Bewegung zu: der Androgyne war verschwunden. Es war ein wirklicher Jüngling, der vor mir schritt, und seine ruhigen Augen hatten die feuchte Klarheit des Wassers.

Sogleich kam wieder der Friede über mich.

Wir rasteten einen Augenblick, und ich empfand einen unendlichen, eher geistigen als sinnlichen Genuss, als ich in das frische Wasser tauchte.

– Toë, toë (es ist kalt), sagte Jotéfa.

– O nein! erwiderte ich. Und dieser Ausruf, der zu dem Beschluss des Kampfes passte, den ich im Geist eben gegen eine ganze verderbte Zivilisation bestanden hatte, weckte ein lautes Echo im Walde. Und ich sagte mir, dass die Natur mich hatte kämpfen sehen, dass sie mich hörte und mich verstand, denn jetzt antwortete sie auf meinen Siegesruf mit ihrer klaren Stimme, dass sie nach dieser Prüfung willig sei, mich in die Reihe ihrer Kinder aufzunehmen.

Wir setzten unseren Weg fort, und ich drang mit leidenschaftlichem Eifer immer tiefer in das Dickicht, als könnte ich dadurch bis ans Herz dieser gewaltigen, mütterlichen Natur vordringen und mich mit ihren lebenden Elementen vereinen.

Mit ruhigem Blick ging mein Gefährte immer gleichen Schritts vor mir her. Er war ohne Argwohn, ich trug die Last meines bösen Gewissens allein.

Wir langten an unserm Ziel an.

Die steilen Wände des Berges waren allmählich flacher geworden, und hinter einem dichten Vorhang von Bäumen dehnte sich, wohl versteckt, eine Art Plateau aus. Aber Jotéfa kannte die Stelle und leitete mich mit erstaunlicher Sicherheit hin.

Ein Dutzend Rosenholzbäume breiteten dort ihr gewaltiges Geäst aus.

Wir fällten den schönsten mit dem Beil und mussten ihn ganz opfern, um ihm einen für mein Vorhaben passenden Zweig zu rauben.

Das Fällen machte mir Freude, und mit wahrem Vergnügen und freudiger Erregung in mir, ich weiß nicht welch göttlich rohe Begierde zu befriedigen, riss ich mir die Hände blutig. Nicht auf den Baum hieb ich ein, nicht ihn wollte ich überwältigen. Und dennoch hätte ich den Klang meines Beiles gern noch an andern Stämmen vernommen, als dieser am Boden lag.

Und was mein Beil mir im Takt mit den hallenden Schlägen sagte, war dies:

Den ganzen Wald mußt du niederschlagen!

Den ganzen Wald des Bösen vernichten,

Der seine Keime dir einblies mit giftigem Hauch!

Zerstöre die Eigenliebe in dir!
Zerstöre das Böse und reiß es heraus,
Wie die Lotosblume im Herbst!

Ja, von nun an ist der alte Kulturmensch verschwunden, tot. Ich ward wiedergeboren – oder vielmehr ein anderer Mensch, ein reiner, stärkerer erstand in mir.

Dieser furchtbare Anfall war der letzte Abschied von der Zivilisation: vom Bösen. Und dieser letzte Beweis verderbter Instinkte, die auf dem Grunde aller dekadenten Seelen schlummern, erhöhte durch den Kontrast die gesunde Einfachheit des Lebens, mit dem ich schon den ersten Anfang gemacht, bis zu einem Gefühl unsagbarer Wonne.

Gierig atmete ich die herrliche, reine Luft ein. Von nun an war ich ein andrer Mensch: ein wahrer Wilder, ein echter Maorie.

Jotéfa und ich kehrten nach Mateïéa zurück und trugen vorsichtig und einträchtig unsere schwere Rosenholzlast: *noa, noa!*

Die Sonne war noch nicht untergegangen, als wir sehr ermüdet vor meiner Hütte anlangten.

Jotéfa sagte zu mir:

– Païa?

– Ja, erwiderte ich.

Und im Grunde meines Herzens wiederholte ich für mich:

– Ja!

Ich machte keinen Schnitt in dieses Rosenholz, ohne jedesmal stärker den Duft des Sieges und der Verjüngung einzuatmen: *noa, noa!*

Durch das Tal von Punaru – eine tiefe Kluft, die Tahiti in zwei Teile trennt – gelangt man zu dem Plateau von Tamanoü. Von dort kann man das Diadem, Oroféna und Aroräï, – den Mittelpunkt der Insel sehen.

Man hatte mir davon oft wie von etwas Wunderbarem gesprochen, und ich hatte mir vorgenommen, allein hinzugehen und dort einige Tage zu verbringen.

– Aber was wirst du nachts machen?

– Die Tupapaüs[3] werden dich ängstigen!

---

3   Tupapaüs – Geister von Verstorbenen, Kobolde und Nachtgespenster.

– Man darf die Berggeister nicht stören.

... Du bist toll!

Ich war es wahrscheinlich, denn diese besorgte Unruhe meiner tahitischen Freunde stachelte meine Neugierde nur noch mehr.

In einer Nacht machte ich mich also vor Tagesanbruch auf.

Etwa zwei Stunden konnte ich einen Pfad an dem einen Ufer des Punaru-Flusses verfolgen. Aber dann war ich mehrmals gezwungen, den Fluss zu überschreiten. Zu beiden Seiten ragten steile Bergwände, auf enorme Felsblöcke wie auf Strebepfeiler gestützt, bis in die Mitte des Wassers vor.

Mir blieb schließlich nichts anderes übrig, als meinen Weg mitten im Fluß fortzusetzen. Das Wasser ging mir bis zu den Knien, zuweilen bis zu den Schultern.

Zwischen den beiden Wänden, die mir von unten erstaunlich hoch und oben sehr nah aneinander schienen, war die Sonne am hellen Tage kaum sichtbar. Mittags unterschied ich an dem tiefblauen Himmel funkelnde Sterne.

Gegen fünf Uhr, beim Eintritt der Dunkelheit, begann ich darüber nachzudenken, wo ich die Nacht zubringen sollte, als ich zur Rechten etwa ein Hektar fast flaches Land mit einem Gemisch von Farnen, wilden Bananen und Bouraos bemerkte. Ich hatte das Glück, ein paar reife Bananen zu finden, und machte eilig ein Holzfeuer, sie für mein Mahl zu kochen.

Dann legte ich mich zum Schlafen, so gut es ging, auf die untersten Zweige eines Bananenbaumes, dessen Blätter ich ineinander geflochten hatte, um mich vor Regen zu schützen.

Es war kalt, und ich fröstelte nach dem Marsch im Wasser.

Ich schlief schlecht.

Aber ich wusste, dass der Morgen nicht fern war und ich weder Menschen noch Tiere zu fürchten hatte. Hier auf Tahiti gibt es weder Raubtiere noch Reptilien. Die einzigen „wilden Tiere" sind die frei im Walde lebenden Schweine. Ich hatte höchstens einen Angriff auf meine Beine zu fürchten und behielt darum den Griff meines Beiles in der Hand.

Die Nacht war finster. Unmöglich etwas zu unterscheiden, außer nahe an meinem Kopf eine Art phosphoreszierenden Staubes, der mich seltsam beunruhigte. Ich lächelte bei dem Gedanken an die Erzählungen der Maories von den Tupapaüs, jenen bösen Geistern, die in der Finsternis erwachen, um schlafende Menschen zu ängstigen. Ihr Reich ist im Herzen des Berges, den der Wald in ewige Schatten hüllt. Dort wimmelt es von ihnen, und ihre Legionen wachsen unaufhörlich durch die Geister aller Verstorbenen.

Wehe dem Lebenden, der sich an einen von Dämonen bewohnten Ort wagt! ...

Ich war dieser Tollkühne.

Meine Träume waren freilich auch sehr aufregend.

Jetzt weiß ich, dass dieser leuchtende Staub von einer besonderen Art kleiner Champignons herrührt, die an feuchten Stellen auf abgestorbenen Zweigen wachsen wie jene, deren ich mich zum Feueranmachen bedient hatte.

Am folgenden Tage machte ich mich frühzeitig wieder auf den Weg.

Der immer wechselvoller gestaltete Fluß, der bald Bach, bald Strom, bald Wasserfall war, machte seltsam launenhafte Krümmungen und schien zuweilen in sich selbst zurückzufließen. Ich verlor unaufhörlich den Weg und mußte mir von Zweig zu Zweig oft mit den Händen vorwärts helfen, wobei ich selten den Boden berührte. Vom Grunde des Wassers sahen Krebse von außerordentlicher Größe zu mir empor, und schienen zu sagen: Was tust du hier? – und hundertjährige Aale flohen bei meinem Nahen.

Plötzlich, bei einer jähen Wendung, bemerkte ich an einen Felsvorsprung gelehnt, den es mit beiden Händen eher liebkoste, als es sich daran hielt, ein junges, nacktes Mädchen. Es trank aus einer Quelle, die leise aus großer Höhe zwischen den Steinen rieselte.

Nachdem es getrunken hatte, nahm es Wasser in beide Hände und ließ es zwischen den Brüsten niederrinnen. Dann – obwohl ich nicht das geringste Geräusch gemacht hatte – senkte es wie eine furchtsame Antilope, die instinktmäßig die Gefahr wittert, den Kopf und blickte forschend nach dem Dickicht, wo ich unbeweglich stand. Mein Blick begegnete dem ihren nicht. Aber kaum hatte sie mich erspäht, als sie mit dem Ruf: Taëhaë! (wütend) untertauchte.

Ich stürzte an den Fluß: Niemand, nichts – nur ein riesiger Aal, der sich zwischen den kleinen Kieseln auf dem Grunde hinwand.

Nicht ohne Schwierigkeit langte ich endlich nahe beim Aroraï, dem Gipfel des gefürchteten heiligen Berges, an.

Es war Abend, der Mond ging auf, und als ich ihn die rauhe Stirn des Berges weich in seinen leichten Schimmer hüllen sah, erinnerte ich mich der berühmten Sage:

Paraü Hina Tefatou (Hina sprach zu Tefatou ...), eine uralte Sage, die die Mädchen abends gern erzählen und für die sie als Schauplatz gerade den Ort bezeichnen, wo ich mich befand.

Ich glaubte es zu sehen:

Den mächtigen Kopf eines Gottmenschen, das gewaltige Haupt eines Helden, dem die Natur das stolze Bewusstsein seiner Kraft gegeben, ein herrliches Riesenantlitz, wie an der Schwelle des Alls. Und eine sanfte zärtliche Frau, die leise das Haar des Gottes berührt und spricht:

– Lasse den Menschen wieder auferstehen, wenn er gestorben ist ...

Und die strengen, doch nicht grausamen Lippen des Gottes öffnen sich, um zu antworten:

Nein, ich werde ihn nicht auferstehen lassen. Der Mensch wird sterben; die Pflanzen werden sterben wie sie, die sich davon nähren, die Erde wird untergehen, sie wird untergehen, um nicht wieder zu erstehen.

Hina erwiderte:

– Tue, wie es dir gefällt. Ich aber werde den Mond wieder auferstehen lassen.

Und was Hina gehörte, fuhr fort zu leben. Was Tefatou gehörte, ging unter, und der Mensch musste sterben.

*   *   *

Ich war seit einiger Zeit missmutig geworden. Meine Arbeit litt darunter. Es fehlten mir viele wesentliche Hilfsmittel, es verstimmte mich, künstlerischen Aufgaben, die mich berauschten, machtlos gegenüberzustehen, aber hauptsächlich fehlte mir die Lust.

Seit mehreren Monaten war ich von Titi getrennt, hatte seit Monaten nicht mehr ihr übermütig kindliches, zwitscherndes Geplauder über dieselben Dinge und dieselben Fragen gehört, auf die ich immer mit denselben Geschichten antwortete.

Und diese Stille tat mir nicht gut. Ich beschloss fortzugehen, eine Fahrt um die Insel zu machen, für die ich kein bestimmtes Ziel festsetzte.

Während ich meine Vorbereitungen traf – ein paar leichte Pakete für die Bedürfnisse der Reise – und meine Studien ordnete, schaute mein Nachbar und Freund Anani mir beunruhigt zu. Nach langem Zögern, begonnenen und wieder unterbrochenen Gebärden, deren klare Deutlichkeit mich sehr belustigte und zugleich rührte, entschloß er sich endlich, mich zu fragen, ob ich mich anschickte fortzugehen.

– Nein, erwiderte ich, ich will nur einen Ausflug von mehreren Tagen machen.

Ich komme wieder.

Er glaubte mir nicht und fing an zu weinen!

Sein Weib gesellte sich zu ihm und versicherte mich ihrer Zuneigung, sagte mir, dass ich kein Geld brauche, um unter ihnen zu leben, dass ich, wenn ich wollte, einst für immer *dort* ruhen könnte – sie wies auf einen mit einem Bäumchen geschmückten Grabhügel nahe bei ihrer Hütte.

Und plötzlich verlangte mich danach – dort – zu ruhen. Da würde mich wenigstens in alle Ewigkeit niemand stören ...

– Ihr Europäer seid seltsam, fügte das Weib des Anani hinzu. Ihr kommt, ihr versprecht zu bleiben, und wenn man euch lieb hat, geht ihr wieder?

Ihr sagt, ihr kommt wieder, aber ihr kehrt niemals zurück!

– Ich aber schwur, dass es meine Absicht sei, *diesmal* wiederzukommen.

Später (ich wagte nicht zu lügen), später wüsste ich noch nicht ...

Schließlich ließen sie mich ziehen.

*   *   *

Ich weiche von dem Weg ab, der am Strande entlang geht, und schlage einen schmalen Pfad durch tiefes Dickicht ein. Der Weg führt mich so weit ins Gebirge, dass ich nach Verlauf einiger Stunden ein kleines Tal erreiche, dessen Bewohner noch nach altem maorischem Brauch leben.

Sie sind still und glücklich. Sie träumen, sie lieben, schlafen und singen, – sie beten, und das Christentum scheint noch nicht bis hierher gedrungen zu sein. Deutlich sehe ich die Statuen ihrer Gottheiten vor mir, obwohl sie in Wirklichkeit längst verschwunden sind, besonders die Statue der Hina und die Feste zu Ehren der Mondgöttin.

Das Götzenbild, aus einem einzigen Block, misst zehn Fuß von einer Schulter zur andern und vierzig Fuß in der Höhe. Auf dem Haupte trägt sie in Gestalt einer Kappe einen riesigen Stein von rötlicher Farbe. Um sie herum wird nach altem Ritus der *Matamua* getanzt, und das Vivo[4] stimmt seinen Ton je nach der Farbe der Stunde froh, heiter oder düster und traurig ...

Ich setze meinen Weg fort.

In Taravao – dem weitest entfernten Distrikt von Mataïéa, am andern äußersten Ende der Insel – leiht ein Gendarm mir sein Pferd, und ich trabe an der von Europäern wenig besuchten Küste entlang.

In Faone, einem kleineren Ort vor dem bedeutenderen Itia, ruft mich ein Eingeborner an.

– He! Mann, der Menschen macht! (er weiß, dass ich Maler bin.) *Haëré mai ta maha* (Komm und iß mit uns: Die tahitische Formel der Gastfreundschaft).

Ich lasse mich nicht bitten, so anmutend und herzlich ist das die Einladung begleitende Lächeln.

Ich steige vom Pferde. Mein Wirt nimmt das Tier am Zaum und bindet es ohne eine Spur von Unterwürfigkeit geschickt an einen Baum.

Dann treten wir miteinander in eine Hütte, wo Männer und Frauen plaudernd und rauchend auf dem Boden sitzen. Um sie her spielen und tummeln sich die Kinder.

– Wohin willst du? fragte mich eine schöne, etwa vierzigjährige Maorie.

Ich will nach Itia.

– Wozu?

Ich weiß nicht, was mir in den Sinn kam, oder vielleicht nannte ich den wahren, mir bis dahin noch selber verborgenen Zweck meiner Reise.

– Um dort eine Frau zu suchen, antwortete ich.

– In Faone gibt es viele und hübsche. Willst du eine von ihnen?

– Ja!

– Wohlan! Gefällt sie dir, so will ich sie dir geben. Es ist meine Tochter.

---

4   Vivo – Musikinstrument.

– Ist sie jung?

– Ja.

– Ist sie hübsch?

– Ja.

– Ist sie gesund?

– Ja.

– Gut. So bringe sie mir.

Die Frau ging hinaus.

Nach einer Viertelstunde, als das Mahl – wilde Bananen und Krabben – aufgetragen wurde, kam sie in Begleitung eines jungen Mädchens wieder herein, das ein kleines Bündel in der Hand hielt.

Durch das Gewand von sehr durchsichtigem rosa Musselin schimmerte die goldige Haut ihrer Schultern und Arme. Zwei Knospen hoben sich schwellend an ihrer Brust. Es war ein schlankes, großes, kräftiges Kind von wunderbarem Ebenmaß. Aber in dem schönen Gesicht fand ich nicht jenen Typus wieder, der mir sonst überall auf der Insel begegnet war. Auch das Haar war ungewöhnlich buschig und leicht gewellt. In der Sonne bot alles dies eine wahre Orgie von Chrom.

Man sagte mir, dass sie von den Tongas abstamme.

Ich begrüßte sie, sie lächelte und setzte sich neben mich.

– Du hast keine Furcht vor mir? fragte ich.

– Aïta (nein).

– Willst du für immer in meiner Hütte wohnen?

– Eha (ja).

– Du bist nie krank gewesen?

– Aïta.

Das war alles.

Mir schlug das Herz, während das Mädchen gelassen am Boden vor mir die Speisen auf einem großen Bananenbrett für mich anrichtete. Ich aß mit gutem Appetit, aber ich war zerstreut und tief erregt. Dieses Kind von etwa dreizehn Jahren (achtzehn bis zwanzig in Europa) entzückte mich, schüchterte mich ein und erschreckte mich fast. Was mochte in dieser Seele vorgehen? Und ich, der so alt war im Vergleich zu ihr, ich zögerte einen Augenblick, den so eilig abgeschlossenen Vertrag zu unterzeichnen, bei dem doch alle Vorteile auf meiner Seite waren!

Vielleicht – dachte ich – gehorchte sie einem Befehl der Mutter. Vielleicht ist es ein Handel, den sie unter sich ausgemacht haben ...

Ich beruhigte mich, als ich in den Zügen des jungen Mädchens, in seinem Gebaren und seiner Haltung die Zeichen wahrer Unabhängigkeit und eines Stolzes erkannte, die so charakteristisch für seine Rasse sind. Und mein Vertrauen ward vollkommen und unerschütterlich, als ich nach eingehender Forschung deutlich jenen Ausdruck von Heiterkeit bei ihr wahrnahm, der bei jungen Wesen immer eine ehrenhafte, löbliche Handlung begleitet. – Allein der spöttische Zug um ihren hübschen, weichen, sinnlichen Mund war mir eine Gewähr dafür, dass die Gefahren des Abenteuers nur für mich bestanden, nicht für sie ...

Ich leugne nicht, dass mir in einer seltsam bedrückenden Angst ganz beklommen zumute war, als ich die Schwelle der Hütte überschritt.

Die Stunde der Abreise war gekommen. Ich stieg zu Pferde.

Das Mädchen folgte mir, von der Mutter, einem Mann und zwei jungen Frauen – seinen Tanten, wie es sagte – begleitet.

Wir kehrten nach Taravao zurück, das neun Kilometer von Faone entfernt ist.

Nach dem ersten Kilometer hieß es:

– Parahi téié (hier mache Halt).

Ich stieg vom Pferde, und wir traten alle sechs in eine große, sauber gehaltene, beinahe reiche, mit hübschen Matten ausgestattete Hütte.

Ein noch junges und außerordentlich liebenswürdiges Paar bewohnte sie. Meine Braut setzte sich neben die Frau und stellte mich vor.

– Dies ist meine Mutter, sagte sie.

Dann wurde schweigend ein Becher mit frischem Wasser gefüllt, von dem wir alle der Reihe nach feierlich tranken, als handele es sich um einen alten frommen Brauch.

Hierauf sagte die eben von meiner Braut als ihre Mutter bezeichnete Frau mit gerührtem Blick und feuchten Wimpern zu mir:

– Du bist gut?

Nicht ohne Verwirrung antwortete ich nach einer Prüfung meines Gewissens:

– Ich hoffe es.

– Wirst du meine Tochter glücklich machen?

– Ja.

– In acht Tagen muss sie wiederkommen. Wenn sie nicht glücklich ist, wird sie dich verlassen.

Ich willigte mit einer Gebärde ein. Allgemeines Schweigen. Niemand schien eine Unterbrechung zu wagen.

Endlich gingen wir hinaus, ich bestieg wieder mein Pferd und brach, immer von meinem Gefolge geleitet, von Neuem auf.

Unterwegs begegneten wir mehreren Personen, die meine Familie kannten. Sie waren bereits von dem Ereignis unterrichtet und sagten, als sie das Mädchen begrüßten:

– Bist du jetzt wirklich die Vahina eines Franzosen? Viel Glück!

Ein Punkt beunruhigte mich. Wie kam Tehura (so hieß meine Frau) zu zwei Müttern?

Ich fragte die erste, die sie mir angeboten hatte:

– Warum hast du gelogen?

Die Mutter Tehuras antwortete:

– Ich habe nicht gelogen. Die andere ist auch ihre Mutter, sie ist ihre Amme.

*   *   *

In Taravao gab ich dem Gendarm sein Pferd zurück, und es kam zu einem peinlichen Vorfall. Die Frau des Gendarmen, eine Französin, sagte zwar ohne Spott, aber taktlos zu mir:

– Was! Sie nehmen sich eine solche Dirne mit?

Und ihre boshaften Augen entkleideten das junge Mädchen, das dieser beleidigenden Prüfung mit vollkommener Kaltblütigkeit begegnete.

Ich betrachtete einen Augenblick dies symbolische Schauspiel, das die beiden Frauen mir boten: Hier erste Blütezeit, Glaube und Natur, dort Dürre, Zwang und Künstelei. Zwei feindliche Rassen standen sich gegenüber, und ich schämte mich der Meinigen. Ich litt darunter, sie so kleinlich und verständnislos zu sehen, und wandte mich schnell ab, um mich an dem Glanz der andern, an diesem le-

benden Gold zu erfreuen und zu erwärmen, das ich schon liebte.

In Taravao verabschiedete die Familie sich bei dem Chinesen von uns, wo alles zu haben ist, verfälschte Liköre und Früchte, Waffen und Stoffe, Männer, Frauen und Vieh.

Meine Frau und ich benutzten einen Wagen, der uns 25 Kilometer weiter, in Mateïéa, vor meiner Hütte absetzte.

*   *   *

Meine Frau war nicht sehr gesprächig, heiter und melancholisch zugleich, vor allem aber spottlustig.

Wir hörten nicht auf, uns gegenseitig zu studieren, aber sie blieb unergründlich, und ich war bald der Besiegte in diesem Kampf.

Der gute Vorsatz, mich zu überwachen, zu beherrschen, um ein scharfsichtiger Beobachter zu werden, half mir wenig, meine Kraft ging bald zu Ende – und ich war für Tehura in kurzer Zeit ein offenes Buch.

Ich ward nun gewissermaßen auf meine Kosten und an meiner eignen Person der tiefen Kluft gewahr, die eine australische Seele von einer lateinischen und besonders einer französischen Seele trennt. Die Seele der Maories offenbart sich nicht sogleich. Es bedarf großer Geduld und eines Studiums, um ihrer habhaft zu werden. Und selbst wenn man sie von Grund aus zu kennen meint, bringt sie einen durch ganz unvorhergesehene „Sprünge" aus der Fassung. Im Anfang aber ist sie ein Rätsel oder vielmehr eine unendliche Reihe von Rätseln. Im Augenblick, da man sie zu fassen meint, ist sie fern, unerreichbar, unnahbar unter dem Mantel der Heiterkeit. Dann nähert sie sich vielleicht freiwillig, um abermals zu entschlüpfen, sobald man die geringste Gewissheit zu erkennen gibt. Und während man, durch dies Gebaren verwirrt, ihr innerstes Wesen sucht, bewahrt sie ihre unverwüstlich fröhliche Zuversicht und sorglose Leichtherzigkeit, die vielleicht weniger echt ist, als es den Anschein hat.

Für mein Teil verzichtete ich bald auf Grübeleien, die mich hinderten, mein Leben zu genießen. Voll Vertrauen erwartete ich mit der Zeit Offenbarungen, die mir anfangs verwehrt blieben.

Die Woche verstrich so, und ich hatte ein Gefühl von „Kindlichkeit", das ich vormals nie gekannt.

Ich liebte Tehura und sagte es ihr, aber es machte sie lachen: sie wusste es ja!

Auch sie schien mich zu lieben, doch sprach sie davon nicht zu mir: – Aber zuweilen, in der Nacht, leuchtete das Gold von Tehuras Haut ...

Am achten Tag ... mir war, als hätten wir eben erst miteinander unsere Hütte betreten – bat Tehura mich um Erlaubnis, ihre Mutter in Faone zu besuchen. Es war eine versprochene Sache.

Betrübt fügte ich mich, band einige Piaster in ihr Taschentuch, von denen sie die Kosten der Reise und Rum für ihren Vater bestreiten konnte, und begleitete sie zu dem Wagen.

Ich hatte das Gefühl eines Abschieds für immer.

Die folgenden Tage waren qualvoll.

Die Einsamkeit trieb mich aus der Hütte, und Erinnerungen riefen mich dahin wieder zurück. Keine Studie vermochte meine Gedanken zu fesseln ...

Eine zweite Woche verging, und Tehura kehrte zurück.

Nun fing ein vollkommen glückliches Leben an. Glück und Arbeit begannen zugleich mit der Sonne und strahlend wie sie. Das Gold von Tehuras Antlitz erhellte das Innere unserer Hütte und die Landschaft ringsum mit einem Schimmer von Freude und Heiterkeit. Sie studierte mich nicht mehr und ich nicht sie. Sie verheimlichte mir ihre Liebe nicht länger, und ich sprach ihr nicht mehr von der meinen. Wir lebten beide in aller Einfachheit.

Wie wohl tat es, sich morgens im nächsten Bach zu erfrischen – ganz wie ich mir denke, dass es im Paradies der erste Mann und das erste Weib getan!

Paradies von Tahiti, *navé navé fénua*, – köstliches Land!

Und die Eva dieses Paradieses gestaltete sich immer liebevoller und empfänglicher. Ich bin von ihrem Duft durchdrungen: *noa, noa!* Sie ist zur rechten Zeit in mein Leben getreten. Früher hätte ich sie vielleicht nicht verstanden, und später wäre es zu spät gewesen. Jetzt verstehe ich sie, wie ich sie liebe, und durch sie dringe ich in Mysterien ein, die mir bis dahin unzugänglich waren.

Allein mein Geist verarbeitet diese Entdeckungen noch nicht, ich präge sie noch nicht meinem Gedächtnisse ein. Alles was Tehura mir erzählt, erfasse ich nur mit Gefühl.

In meinen Empfindungen und Eindrücken werde ich ihre Worte einst wiederfinden. Durch ihre täglichen Mitteilungen über ihr Leben führt sie mich sicherer, als es durch irgendeine andere Methode geschehen könnte, zum vollen Verständnis ihrer Rasse.

Und ich habe kein Bewusstsein mehr von Tagen oder Stunden, von Gut und Böse. Das Glück ist zuweilen so seltsam, dass der Begriff davon fast aufgehoben wird. Ich weiß nur, dass alles gut ist, weil alles schön ist.

Und Tehura stört mich nie, wenn ich arbeite oder träume. Instinktmäßig schweigt sie dann. Sie weiß sehr gut, wann sie sprechen kann, ohne mich zu belästigen.

Wir unterhalten uns über Tahiti, über Europa, über Gott und Götter. Ich unterrichte sie und sie belehrt mich.

*   *   *

Ich mußte für einen Tag nach Papeete fahren.

Zwar hatte ich versprochen, am selben Abend zurückzukehren, aber der Wagen, den ich genommen, verließ mich auf halbem Wege, ich musste den Rest zu Fuß zurücklegen, und es wurde 1 Uhr morgens, ehe ich zu Hause anlangte.

Als ich die Tür öffnete, sah ich beklommenen Herzens, dass es drinnen dunkel war. Dies hatte an sich nichts Merkwürdiges, denn wir besaßen augenblicklich nur wenig Licht, und den Vorrat zu erneuern, war mit ein Grund für meine Abwesenheit. Aber ich zitterte in einem plötzlichen Gefühl der Furcht und des Argwohns, das ich für eine Vorahnung hielt: der Vogel war gewiss davongeflogen ...

Schnell zündete ich ein Streichholz an und sah – Tehura reglos, nackt, platt hingestreckt auf dem Bett, die Augen vor Angst übermäßig weit geöffnet. Sie sah mich an und schien mich nicht zu erkennen. Ich selber blieb einige Augenblicke in seltsamer Ungewissheit stehen. Tehuras Entsetzen wirkte ansteckend. Mir war, als entströme ihren starr blickenden Augen ein Phosphorschein. Niemals hatte ich sie so schön, von so rührender Schönheit gesehn. Und dann fürchtete ich in diesem, für sie sicherlich von bedenklichen Erscheinungen belebten Halbdunkel eine Bewegung zu machen, die sie erschrecken und den Paroxysmus des Kindes steigern konnte. Wusste ich denn, was ich in diesem Augenblick für sie war? Ob sie mich mit meinem entsetzten Gesicht nicht für einen Dämon oder Geist, einen der Tupapaüs hielt, die ihren Sagen nach in schlaflosen Nächten erscheinen? Wusste ich, wer sie selber eigentlich war? Die Intensität des Entsetzens, von dem sie unter der physischen und moralischen Gewalt ihres Aberglaubens besessen war, machte sie zu einem fremden Wesen für mich, ganz verschieden von allem, was ich bisher gekannt!

Endlich kam sie zu sich, rief mich an, und ich ermannte mich, sie zu schelten, zu beruhigen und zu beschwichtigen.

Sie hörte mich schmollend an und sagte dann mit vor Schluchzen zitternder Stimme:

– Lass mich nicht wieder so allein ohne Licht ...

Aber kaum war die Furcht eingeschlummert, als die Eifersucht erwachte:

– Was tatest du in der Stadt? Du hast Frauen besucht, solche, die auf Märkten tanzen und trinken, die sich Offizieren und Matrosen und jedem geben ...

Ich ließ mich auf keinen Streit ein, und die Nacht ward süß – süß und feurig, eine Tropennacht.

Tehura war bald sehr liebevoll und vernünftig, bald ausgelassen und sehr übermütig. Zwei entgegengesetzte Wesen – ohne viele andere unendlich verschiedene mitzurechnen – in einem vereint, die sich gegenseitig Lügen straften und in betäubender Geschwindigkeit unvermittelt aufeinanderfolgten. Sie war nicht veränderlich, sondern doppelt, dreifach, hundertfach: das Kind einer *alten* Rasse.

Eines Tages kommt ein Hausierer, der ewige Jude – er macht die Inseln unsicher wie das Festland – und bringt ein Kästchen mit Schmucksachen aus vergoldetem Kupfer an.

Er breitet seine Waren aus, und alle umringen ihn.

Ein Paar Ohrringe gehen von Hand zu Hand. Die Augen der Frauen leuchten, jede möchte sie haben.

Tehura runzelt die Brauen und sieht mich an. Ihre Augen reden sehr deutlich. Ich stelle mich, als ob ich sie nicht verstände.

Sie zieht mich in eine Ecke:

– Ich will sie haben!

Ich erkläre ihr, dass dieses Zeug in Frankreich gar keinen Wert habe, dass sie aus *Kupfer* seien.

– Ich will sie haben!

– Nicht doch! Für solche Dummheit 20 Francs bezahlen! Das wäre eine Torheit. Nein.

– Ich will sie haben!

Und mit leidenschaftlicher Zungenfertigkeit, die Augen voll Tränen, dringt sie in mich:

– Wie, würdest du dich nicht schämen, diesen Schmuck in den Ohren einer andern zu sehen? Einer dort spricht schon davon, sein Pferd zu verkaufen, um seiner Vahina die Ohrringe zu schenken!

Ich kann auf diese Torheit nicht eingehen und schlage ihr es zum zweiten Mal ab.

Tehura blickt mich starr an, ohne noch ein Wort zu verlieren, und weint.

Ich gehe fort, komme wieder zurück, gebe dem Juden schließlich die zwanzig Francs – und die Sonne scheint wieder.

Zwei Tage später war ein Sonntag. Tehura macht große Toilette. Das Haar wird mit Seife gewaschen, dann in der Sonne getrocknet und schließlich mit duftendem Öl eingerieben. In ihrem schönsten Kleide, eins von *meinen* Taschentüchern in der Hand, eine Blume hinterm Ohr und mit – nackten Füßen geht sie zum Tempel.

– Und deine Ohrringe? frage ich.

Tehura verzieht verächtlich den Mund:

– Sie sind ja aus Kupfer!

Und mit lautem Lachen überschreitet sie die Schwelle der Hütte und geht, plötzlich wieder ernst geworden, davon.

Die Mittagsruhe verbringen wir, wie an jedem andern Tage, schlafend oder träumend nebeneinander. Vielleicht sieht Tehura in ihrem Traume andere Ohrringe glitzern.

Ich möchte alles vergessen, was ich weiß, und immer schlafen ...

*　　*　　*

Eines Tages bei schönem Wetter – auf Tahiti keine Ausnahme – beschlossen wir, uns morgens aufzumachen, um Freunde zu besuchen, deren Hütte zehn Kilometer von der unsrigen entfernt war.

Da wir um sechs Uhr aufgebrochen waren, legten wir den Weg in der Kühle schnell zurück und langten schon um acht Uhr an.

Wir wurden nicht erwartet: Die Freude war groß, und nach beendeter Begrüßung machten sie sich auf die Suche nach einem Schwein, um uns ein Fest zu bereiten. Es wurde geschlachtet und dem Schwein noch zwei Hühner beigesellt. Eine prachtvolle, am Morgen gefangene Tintenschnecke, einige Bananen und andere Früchte vervollständigten das reichliche Mahl. Ich machte den Vorschlag, in der Zeit bis zum Mittagessen die Grotten von Mara zu besichtigen, die ich oft von fern gesehen hatte, ohne jemals die Gelegenheit zu finden, sie aufzusuchen.

Drei junge Mädchen, ein Knabe, Tehura und ich, eine lustige kleine Gesellschaft, hatten das Ziel bald erreicht.

Vom Wegrand aus könnte man die fast ganz von Guavabäumen verdeckte Grotte einfach für einen Felsenvorsprung oder eine etwas tiefere Spalte halten. Aber biegt man die Zweige zurück und gleitet man einen Meter weiter hinunter, so ist keine Sonne mehr sichtbar, man befindet sich in einer Art Höhle, deren Grund an eine kleine Bühne mit hochroter, scheinbar etwa 100 m weit entfernter Decke erinnert. Hie und da an den Wänden glaubt man riesige Schlangen sich langsam dehnen zu sehen, um an der Oberfläche des inneren Sees zu trinken. Aber es sind Wurzeln, die sich einen Weg durch die Felsspalten bahnen.

– Ob wir ein Bad nehmen?

Ich erhalte zur Antwort, dass das Wasser zu kalt sei, und abseits werden lange, von Lachen unterbrochene Unterhandlungen geführt, die mich neugierig machen.

Ich gebe nicht nach, und endlich entschließen die Mädchen sich, sie legen ihre leichten Gewänder ab, und mit dem Paréo umgürtet, sind wir bald alle im Wasser.

– Toë, toë! rufen alle einstimmig.

Das Wasser plätschert, und ihre Rufe werden von tausend Echos zurückgeworfen, die das *toë, toë* wiederholen.

– Kommst du mit mir, frage ich Tehura und zeige auf den Grund.

Bist du toll? Da hinunter, so weit! Und die Aale? Da hinunter wagt man sich nie!

Und anmutig schwang sie sich leicht auf das Ufer, wie einer, der stolz ist, so gut schwimmen zu können. Aber ich bin auch ein guter Schwimmer, und obwohl ich mich nicht gern allein so weit fort wag-

42

te, steuerte ich auf den Grund zu.

Durch welch seltsames Phänomen der Luftspiegelung mochte er sich aber immer mehr von mir entfernen, je angestrengter ich mich bemühte, ihn zu erreichen? Ich drang immer weiter vorwärts, und von allen Seiten blickten die großen Schlangen mich spöttisch an. Einen Augenblick glaubte ich eine große Schildkröte schwimmen zu sehen, ihr Kopf ragte aus dem Wasser, und ich unterschied zwei starre, glänzende Augen, die mich argwöhnisch anschauten. – Torheit! dachte ich: Die Meerschildkröten leben nicht in süßem Wasser. Dennoch (bin ich denn wirklich ein Maorie geworden?) kommen mir Zweifel, und es fehlt wenig, dass mir schaudert. Was sind das nur für breite, stille Wellen da vor mir? Aale!

– Ach was, diese lähmende Empfindung von Furcht muß abgeschüttelt werden!

Ich ließ mich senkrecht hinunter, um auf den Grund zu kommen. Doch ich musste wieder hinauf, ohne dass es mir gelungen war. Vom Ufer rief Tehura mir zu:

– Komm zurück!

Ich wende mich um und sehe sie sehr weit und ganz klein.

Warum geht die Entfernung auch hier bis ins Unendliche? Tehura ist nur noch ein schwarzer Punkt in einem leuchtenden Kreise.

Ich bleibe hartnäckig und schwimme noch eine halbe Stunde: Der Grund scheint immer in der gleichen Entfernung zu bleiben.

Ein Ruhepunkt auf einem kleinen Plateau und dann wieder ein gähnendes Loch – wohin mochte es führen? Ein Geheimnis, das zu ergründen ich aufgebe.

Ich gestehe, dass ich schließlich wirklich Furcht empfand.

Ich brauchte eine volle Stunde, um mein Ziel zu erreichen.

Tehura allein erwartete mich. Ihre Gefährtinnen waren gleichgültig fortgegangen.

Tehura sprach ein Gebet, und wir verließen die Grotte.

Ich zitterte noch ein wenig – vor Kälte. Aber im Freien erholte ich mich bald, besonders als Tehura mit einem Lächeln, das mir nicht ganz frei von Spott zu sein schien, fragte:

– Du hast dich nicht gefürchtet?

Mit Entrüstung erwiderte ich:

– Wir Franzosen kennen keine Furcht.

Tehura äußerte weder Mitleid noch Bewunderung. Aber ich merkte, dass sie aus einem Augenwinkel forschend nach mir spähte, als ich ein paar Schritte voranging, um eine farbige Tiaré für ihren Haarbusch zu pflücken.

Der Weg war schön und herrlich das Meer. Vor uns erhoben sich Moreas stolze grandiose Berge.

Wie lebt es sich gut! Und mit welchem Appetit verzehrt man nach einem zweistündigen Bad das lecker bereitete Schweinchen, das uns im Hause erwartet!

*　　*　　*

In Mataïéa fand eine große Hochzeit statt – eine echte Hochzeit, legal und religiös, wie die Missionare sie den bekehrten Tahitianern vorschreiben.

Ich war dazu eingeladen und Tehura begleitete mich.

Das Mahl bildet auf Tahiti – wie überall, glaube ich – die Hauptfeier. Auf Tahiti wenigstens entfaltet man bei diesen Feierlichkeiten den größten kulinarischen Luxus. Auf heißen Steinen gebratene Schweinchen, eine unglaubliche Menge von Fischen, Bananen, Guaven, Taros u. a.

Der Tisch, an dem eine ansehnliche Zahl von Gästen saß, stand unter einem improvisierten Dach, das anmutig mit Blumen und Blättern geschmückt war. Alle Verwandten und Freunde der Neuvermählten waren anwesend.

Das junge Mädchen – die Lehrerin des Ortes, eine Halb-Weiße – nahm einen echten Maorie, den Sohn des Häuptlings von Punaauïa, zum Manne. Sie war in der „frommen Schule" von Papeete erzogen worden, und der protestantische Bischof, der sich für sie interessierte, hatte diese Heirat, die viele für etwas übereilt hielten, persönlich vermittelt. – Was der Missionar will, ist Gottes Wille, sagt man draußen ...

Eine volle Stunde wird gespeist und – viel getrunken. Dann beginnen die zahlreichen Reden. Sie werden der Reihe nach und mit Methode gehalten, es ist ein sehr komischer Wettstreit der Beredsamkeit.

Nun kommt die wichtige Frage: Welche der beiden Familien gibt den Neuvermählten einen neuen Namen? Dieser aus sehr alter Zeit stammende nationale Brauch bedeutet ein geschätztes, sehr begehrtes und viel umstrittenes Vorrecht. Nicht selten artet der Streit über diesen Punkt in einen blutigen Kampf aus.

Diesmal kam es nicht zu einem solchen. Alles verlief fröhlich und friedlich. Allerdings war die Tischgesellschaft stark berauscht. Selbst meine arme Vahina, die nicht unter meiner Aufsicht bleiben konnte, kam, durch das Beispiel verleitet, in einen furchtbaren Rausch, und ich brachte sie nicht ohne Mühe nach Haus.

Mitten am Tische thronte in bewundernswerter Würde die Frau des Häuptlings von Punaauïa. Ihr auffallendes, fantastisches Kleid von orangefarbenem Samt gab ihr ungefähr das Aussehen einer Jahrmarktsheldin. Aber die unverwüstliche Anmut ihrer Rasse, wie das Bewusstsein ihres Ranges verlieh ihrem Flitter eine unbeschreibliche Größe. Die Gegenwart dieser majestätischen Frau von sehr reinem Typus gab diesem Fest eine stärkere Würze als alles andere, und die Wirkung davon blieb nicht aus.

Neben ihr saß eine hundertjährige Greisin, deren Hinfälligkeit durch eine voll erhaltene Doppelreihe Menschenfresserzähne abschreckend war. Sie nahm wenig teil an dem, was um sie herum geschah, und blieb unbeweglich starr, fast wie eine Mumie. Aber eine Tätowierung auf ihrer Wange, ein dunkles, in seiner Form unbestimmtes Zeichen, das an einen lateinischen Buchstaben erinnerte, sprach in meinen Augen für sie und erzählte mir ihre Geschichte. Die Tätowierung glich in nichts der der Wilden: Sie stammte sicherlich von europäischer Hand!

Ich erkundigte mich darnach.

Ehemals, sagte man mir, als die Missionare gegen die Fleischeslust eiferten, zeichneten sie „gewisse Frauen" mit dem Stempel der Ehrlosigkeit, dem „Höllensiegel" – dessen sie sich schämten, aber nicht etwa wegen der begangenen Sünden, sondern wegen der Lächerlichkeit und der Schande einer solchen „Auszeichnung".

An jenem Tage verstand ich besser denn je das Misstrauen der Maories den Europäern gegenüber, ein Misstrauen, das heute noch besteht, so milde es sich bei der großmütigen und gastfreundlichen Natur der australischen Seele auch zeigen mag.

Wie viele Jahre lagen zwischen der von dem Priester gezeichneten Greisin und dem von dem Priester verheirateten jungen Mädchen: Das Zeichen bleibt unauslöschlich und zeugt von dem Niedergang der Rasse, die sich ihm unterwarf, und von der Niedrigkeit jener, die es ihr aufzwang.

Fünf Monate später brachte die junge Frau ein wohlgebildetes Kind zur Welt.

Entrüstet forderten die Eltern eine Scheidung. Der junge Mann widersetzte sich:

– Was tut es, da wir uns lieben, sagte er. Ist es bei uns nicht Brauch, fremde Kinder anzunehmen? Ich nehme dieses an.

Warum aber hatte der Bischof sich so sehr bemüht, die Trauung zu beschleunigen? Es wurde viel besprochen. Böse Zungen behaupteten, dass ...

Selbst auf Tahiti gibt es böse Zungen.

*   *   *

Abends im Bett haben wir lange Gespräche, mitunter sehr ernste.

Jetzt, wo ich Tehura verstehen kann, in der der Geist ihrer Vorfahren noch schlummert und träumt, bemühe ich mich durch diese Kinderseele zu sehen und zu denken und in ihr die zwar toten, aber in vagen Erinnerungen noch bestehenden Spuren der fernen Vergangenheit wiederzufinden.

Ich stelle Fragen, und sie bleiben nicht alle ohne Antwort.

Die von unsern Eroberungen mehr betroffenen und von unserer Zivilisation stärker beeinflussten Männer haben die alten Götter vielleicht vergessen. Aber im Gedächtnis der Frauen haben diese sich einen Zufluchtsort bewahrt. Und es ist ein rührendes Schauspiel für mich, wenn unter meiner Einwirkung die alten nationalen Gottheiten allmählich in Tehuras Erinnerung erwachen und die künstlichen Schleier abwerfen, in die protestantische Missionare sie einhüllen zu müssen geglaubt. Im Ganzen war das Werk der Katecheten ein sehr oberflächliches. Die Erfolge ihrer Tätigkeit entsprachen, besonders bei den Frauen, nur wenig ihren Erwartungen. Ihre Lehren sind wie eine schwache Firnisschicht, die schnell bei der geringsten Berührung abbröckelt und schwindet.

Tehura besucht regelmäßig den Gottesdienst und befolgt die Vorschriften der offiziellen Religion. Aber sie weiß die Namen aller Götter des maorischen Olymps auswendig, und das ist keine Kleinigkeit. Sie kennt ihre Geschichte, sie lehrt mich, wie sie die Welt erschaffen haben, wie sie herrschen und wie sie geehrt sein wollen. Die strengen Lehren der christlichen Moral sind ihr fremd, oder sie kümmert sich nicht darum, denkt z. B. nicht daran zu bereuen, dass sie die Konkubine – wie sie es nennen – eines Tané ist.

Ich weiß nicht recht, wie sie Jesus und Taaro in ihrem Glauben zueinander stellt. Ich glaube, sie verehrt alle beide.

Nach und nach hat sie mir einen ganzen Kursus über tahitische Religion gehalten. Dafür versuche ich ihr, aufgrund europäischer Kenntnisse, einige Naturphänomene zu erklären.

Die Sterne interessieren sie sehr. Sie fragt mich nach der französischen Benennung des Morgen-, des Abendsterns und der anderen Gestirne. Es wird ihr schwer zu begreifen, dass die Erde sich um die Sonne dreht ...

Sie nennt mir die Sterne in ihrer Sprache, und während sie erzählt, sehe ich beim Schein der Gestirne, die selber Gottheiten sind, die heiligen Gestalten der maorischen Beherrscher der Luft, des Feuers, der Inseln und Meere deutlich vor mir.

Die Bewohner von Tahiti haben immer, soweit man auch in ihrer Geschichte zurückgreift, ziemlich ausgedehnte Kenntnisse in der Astronomie besessen. Die periodischen Feste der Aréoïs – Mitglieder einer geheimen religiösen und zugleich politischen Gesellschaft, die auf den Inseln herrschte – wurden nach der Stellung der Gestirne bestimmt. Selbst die Natur des Mondlichtes scheint den Maories nicht unbekannt gewesen zu sein. Sie nehmen an, dass der Mond eine der Erde sehr ähnliche Kugel sei, wie diese bewohnt und reich an Produkten wie die unsrigen.

Die Entfernung der Erde vom Monde schätzen sie auf ihre Weise: – Eine weiße Taube brachte den Samen des Baumes Ora vom Mond auf die Erde. Sie brauchte *zwei Monde*, den Trabanten zu erreichen, und als sie nach abermals zwei Monden auf die Erde fiel, war sie federlos. – Dieser Vogel hat von allen den Maories bekannten Vögeln den schnellsten Flug.

Dies aber ist die tahitische Benennung der Sterne. Ich vervollständige Tehuras Lektion mithilfe des Fragments einer uralten Handschrift, die in Polynesien gefunden wurde.

Ist es zu gewagt, darin eher die erste Andeutung eines von der Astronomie aufgestellten Systems, als ein zufälliges Spiel der Phantasie zu sehen?

Roüa – groß ist sein Stamm – schlief mit seinem Wei-

be, der düsteren Erde.

Sie gebar ihren König, die Sonne, darauf die Dämmerung, dann die Nacht.

Da verstieß Roüa dieses Weib.

Roüa – groß ist sein Stamm – schlief mit der Frau, genannt „Grande Réunion".

Sie gebar die Königinnen des Himmels, die Gestirne, sodann den Stern Tahiti, den Abendstern.

Der König der goldenen Himmel, der einzige König schlief mit seinem Weibe Fanoüi.

Von ihr stammt das Gestirn Taüroüa (Venus), der Morgenstern, der König Taüroüa, der dem Tag und der Nacht und andern Sternen, dem Mond und der Sonne gebeut und den Schiffern als Führer dient.

Taüroüa segelte links gen Norden, schlief dort mit seinem Weihe und zeugte den Roten-Stern, jenen Stern, der abends unter zwei Antlitzen leuchtet.

Der Rote-Stern flog gegen Osten und setzte seine Piroge instand, die Piroge des hellen Tages, und steuerte gen Himmel. Bei Sonnenaufgang segelte er davon.

Rehoüa tritt nun im weiten Raume auf. Er schläft mit seinem Weibe Oüra Tanéïpa.

Sie zeugten die Zwillings-Könige, den Plejaden gegenüber.

Diese Zwillings-Könige sind sicher dieselben wie unser Kastor und Pollux.

Die erste Version der polynesischen Genesis unterliegt Veränderungen, die vielleicht nur Entwicklungen sind.

Taaroa schlief mit der Frau, die sich Göttin des Äußeren (oder des Meeres) nennt.

Sie zeugten die weißen Wolken, die schwarzen Wolken und den Regen.

Taaroa schlief mit der Frau, die sich Göttin des Innern (oder der Erde) nennt.

Von ihnen stammt der erste Keim. Stammt alles, was auf der Oberfläche der Erde wächst.

Stammt der Nebel auf den Bergen.

Stammt, was sich das Starke nennt.

Stammt sie, die sich die Schöne nennt oder die zum Gefallen-Geschmückte.

Mahoüi[5] steuert seine Piroge.

Er setzt sich nieder auf den Boden. Ihm zur Rechten hängt der mit Haarsträhnen an der Leine befestigte Angelhaken.

Und die Leine mit dem Angelhaken, die er in der Hand hält, lässt er in die Tiefe des Weltalls hinunter, um den großen Fisch (die Erde) zu fischen.

Der Haken hat sich festgebissen.

Schon kommen die Achsen zum Vorschein, schon fühlt der Gott das enorme Gewicht des Erdballs.

Tefatou (der Gott der Erde und die Erde selber) taucht noch, im unermesslichen Raum schwebend, von dem Angelhaken erfasst, aus der Nacht empor.

Mahoüi hat den großen Fisch gefischt, der im Raume schwimmt und den er nun nach Belieben lenken kann.

Er hält ihn in der Hand.

Mahoüi regelt auch den Lauf der Sonne, sodass Tag und Nacht von gleicher Dauer sind.

Ich bat Tehura, mir die Götter zu nennen.

– Es schlief Taaroa mit Ohina, der Göttin der Luft.

Von ihnen stammt der Regenbogen, der Mondschein, die roten Wolken und der rote Regen.

Es schlief Taaroa mit Ohina, der Göttin des Erdbu-

---

5   Dieser Mahoüi scheint ebenso wie Roüa, der die Sterne schuf, derselbe wie Taaroa. Es sind wahrscheinlich verschiedene Namen desselben Gottes.

sens.

Sie zeugten Tefatou, den Geist, der die Erde belebt und sich durch unterirdische Geräusche zu erkennen gibt.

Es schlief Taaroa mit der Frau, genannt Jenseits-der-Erde.

Sie zeugten die Götter Téirii und Roüanoüa.

Darauf Roo, der seitwärts aus dem Leibe der Mutter kam.

Und dieselbe Frau gebar noch den Zorn und den Sturm, die Rasenden Winde und auch den Frieden, der ihnen folgt.

Und der Ursprung dieser Geister ist an dem Ort, von dem die Boten ausgesandt werden.

Aber Tehura gibt zu, dass diese Darstellung angefochten wird. Es ist die orthodoxeste Klassifikation.

Die Götter teilten sich in Atuas und Oromatuas.

Die höheren Atuas sind alle Söhne und Enkel des Taaroa.

Sie wohnen in den Himmeln – es gibt deren sieben.

Die Söhne Taaroas und seines Weibes Féii Féii Maïtéraï waren: Oro (der erste der Götter nach seinem Vater, der selbst zwei Söhne hatte, Tetaï Mati und Oüroü Téféta), Raa (Vater von sieben Söhnen), Tané (Vater von sechs Söhnen), Roo, Tiéri, Téfatou, Roüa Noüa, Toma Hora, Roüa Oütia, Moë, Toüpa, Panoüa usw. usw.

Jeder dieser Götter hatte seine besonderen Abzeichen.

Die Werke des Mahoüi und des Tefatou kennen wir bereits ...

Tané hat den siebenten Himmel als Mund – und dies bedeutet, dass der Mund dieses Gottes das äußerste Ende des Himmels ist, von wo aus das Licht die Erde zu erhellen beginnt.

Rii trennte Himmel und Erde.

Roüi wühlte die Wasser des Ozeans auf, durchbrach die feste Masse des Erdballs und teilte ihn in unzählige Teile, die jetzigen Inseln.

Fanoüra, dessen Haupt bis zu den Wolken und dessen Füße bis zum Meeresgrund reichten, und Fatoühoüi, ein anderer Riese, stiegen zusammen nach Eïva – einem unbekannten Lande – hinunter, um das ungeheure Schwein zu bekämpfen und zu vernichten, das die Menschen verschlang.

Hiro, Gott der Diebe, grub mit seinen Fingern Löcher in den Felsen. Er befreite eine Jungfrau, die Riesen an einem verzauberten Ort gefangen hielten: mit einer einzigen Hand riss er die Bäume aus, die am Tage das Gefängnis der Jungfrau verdeckten, und der Zauber war gebrochen ...

Die Atuas niederen Ranges kümmerten sich mehr um das Leben und die Arbeit der Menschen, ohne ihre Gewohnheiten zu teilen.

Es sind: die Atuas Maho (Götter-Haie), Schutzgeister der Seeleute: die Pëho, Götter und Göttinnen der Täler, Schutzgeister der Ackerbauer; die No Te Oüpas Oüpas, Schutzgeister der Sänger, Komödianten und Tänzer; die Raaoü Pava Maïs, Schutzgeister der Ärzte; die No Apas, Götter, denen Opfer dargebracht werden, nachdem sie jemand vor Hexerei und Zauber bewahrt haben; die O Tanoü, Schutzgeister der Arbeiter, die Tané Ité Haas, Schutzgeister der Zimmerleute und Baumeister; die Minias und Papéas, Schutzgeister der Dachdecker; die Matatinis, Schutzgeister der Netzeknüpfer.

Die Oromatuas sind Hausgötter, die Laren.

Es gibt wirkliche Oromatuas und Genien.

Die Oromatuas strafen die Streitsüchtigen und halten den Frieden in den Familien aufrecht. Es sind: die Varna Taatas, Seelen verstorbener Männer und Frauen jeder Familie. Die Eriorios, Seelen der in frühem Alter eines natürlichen Todes gestorbenen Kinder. Die Poüaras, Seelen von Kindern, die bei der Geburt getötet wurden und in den Körper der Heuschrecke zurückgekehrt waren.

Die Genien sind von den Menschen gemutmaßte oder vielmehr wissentlich erdachte Gottheiten. Sie legen irgendeinem Tiere oder einem Gegenstand, einem Baume z. B., ohne jeden Grund willkürlich göttliche Bedeutung bei und fragen ihn dann bei jedem wichtigen Anlass um Rat. – Vielleicht ist das noch eine Spur der Seelenwanderung der Inder, die die Maories höchst wahrscheinlich gekannt haben.

Ihre historischen Gesänge sind überreich an Sagen, in denen man die Götter wieder die Gestalt von Tieren und Pflanzen annehmen sieht.

Nach den Atuas und Oramatuas kommen in letzter Reihe der

himmlischen Rangordnung die Tiis.

Diese Söhne Taaroas und Hinas sind sehr zahlreich.

Als den Göttern untergeordnete und den Menschen fernstehende Geister, vermitteln sie nach der Schöpfungssage der Maories zwischen organischen und unorganischen Wesen und verteidigen die Ansprüche und Rechte dieser gegen die widerrechtlichen Angriffe der anderen.

Ihre Entstehung ist diese:

Es schlief Taaroa mit Ani (Sehnsucht) und sie zeugten: die Sehnsucht der Nacht, den Boten der Finsternis und des Todes; die Sehnsucht des Tages, den Boten des Lichts und des Lebens; die Sehnsucht der Götter, den Boten des Himmlischen und die Sehnsucht der Menschen, den Boten des Irdischen.

Sodann zeugten sie: Tii-des-Inneren, der über Tiere und Pflanzen wacht, Tii-des-Äußeren, der alle Wesen und Dinge des Meeres hütet; Tii-des-Sandes, Tii-der-Küsten und Tii-der-lockeren Erde; Tii-der-Felsen und Tii-des-Festen-Landes.

Später wurden noch geboren: Nachtleben, Tagesleben, Kommen und Gehen, Ebbe und Flut, Freudenspenden und Genießen.

Die Bildnisse der Tiis waren an der Außenseite der Maraës (Tempel) angebracht und begrenzten das Innere des heiligen Bodens. Man sieht deren auf Felsen und an Küsten, und diese Götzenbilder haben die Aufgabe, die Grenze zwischen Erde und Meer zu bezeichnen, die Harmonie zwischen den beiden Elementen aufrechtzuerhalten und ihren wechselseitigen Eingriffen zu wehren. Reisende haben noch jetzt auf der Ile-de-Pâques einige Tii-Statuen gesehen. Es sind Riesendenkmäler in halb menschlicher, halb tierischer Gestalt, die von einem eigentümlichen Schönheitsbegriff und großer Geschicklichkeit in der Behandlung der Steine zeugen, die architektonisch in Blöcken von geschickt gewählter Farbenzusammenstellung übereinander getürmt sind.

Die europäische Invasion und der Monotheismus haben diese Spuren einer einst hohen Kultur verwischt. Wenn die Tahitianer heutzutage ein Monument errichten, zeigen sie Wunder von schlechtem Geschmack – wie in der Art des Grabmals des Pomare. Sie haben ihre ursprünglichen Instinkte verloren, die in dem steten Verkehr mit der Tier- und Pflanzenwelt in so reichem Maße bei ihnen entwickelt waren. Im Umgang mit uns, in *unserer Schule* sind sie erst wahrhaft „Wilde" in jenem Sinne geworden, die der lateinische Okzident diesem Worte unterlegt. Sie sind schön geblieben wie Kunstwerke, aber sie sind (wir haben sie) moralisch und auch physisch unfruchtbar gemacht.

Es existieren noch Spuren der Maraës. Sie waren von Mauern umgebene Vierecke, die durch drei Öffnungen unterbrochen wurden. Drei Seiten bestanden aus Steinmauern von vier bis sechs Fuß, eine weniger hohe als breite Pyramide bildete die vierte. Das Ganze hatte eine Breite von etwa hundert und eine Länge von vierzig Metern. – Bildnisse von Tiis schmückten dies einfache Bauwerk.

Der Mond nimmt einen wichtigen Platz in der metaphysischen Anschauung der Maories ein. dass ihm zu Ehren ehemals große Feste veranstaltet wurden, ist schon gesagt worden. Hina wird in den überlieferten Erzählungen der Aréoïs oft genannt. Jedoch ist ihre Mitwirkung an der Weltharmonie, ihre Rolle darin eine mehr negative als positive.

Dies geht deutlich aus dem oben angeführten Gespräch zwischen Hina und Tefatou hervor.

Den Exegeten würden solche Worte den schönsten Stoff liefern, wenn sich die australische Bibel auffinden ließe, um sie auszulegen. Vor allem würden sie darin die Lehren einer Religion auf der Verehrung von Naturkräften aufgebaut sehen – ein gemeinsamer Zug aller primitiven Religionen. Die Mehrzahl aller maorischen Götter sind eigentlich eine Personifikation verschiedener Elemente. Aber ein aufmerksamer Blick, der nicht von dem Wunsch abgelenkt und beeinflusst ist, die Überlegenheit unserer Philosophie über die jener „Völkerschaften" zu beweisen, wird in diesen Legenden sicherlich interessante und eigentümliche Züge finden.

Ich möchte zwei davon anführen – aber ich begnüge mich, darauf hinzuweisen. Es ist Aufgabe der Gelehrten, die Richtigkeit dieser Hypothesen zu bestätigen.

Vor allem ist es die Klarheit, mit der die beiden einzigen und allgemeinen Grundideen des Lebens sich unterscheiden und offenbaren. Die eine, Seele und Intelligenz, Taaora, ist das Männliche, die andere, gewissermaßen Stoff und Körper des nämlichen Gottes, das Weibliche, und dies ist Hina, Ihr gehört die ganze Liebe des Menschen, ihm seine Ehrfurcht. – Hina ist nicht nur der Name des Mondes; es gibt auch eine *Hina der Luft*, *Hina des Meeres*, eine *Hina des Inneren*, aber diese beiden Silben charakterisieren nur die untergeordneten Teile der Materie. Die Sonne, der Himmel, das Licht und sein Reich, sozusagen alle edlen Teile der Materie – oder vielmehr ihre spirituellen Elemente sind Taaroa. Das geht deutlich aus mehr als einem Ausspruch hervor, in dem die Definition von Geist und Materie wieder zu erkennen ist. – Oder was bedeutet wohl, wenn wir es bei dieser Definition bewenden lassen, die Grundlehre der maorischen Schöpfungsgeschichte:

Das Weltall ist nur die Schale des Taaroa –?

Bestätigt diese Lehre nicht den Urglauben an die Einheit des Stoffes; wie die Definition und die Trennung von Geist und Körper die Analyse der zwiefachen Manifestation dieses Stoffes in seiner Einheit! So selten solch ein philosophisches Vorausempfinden bei den Primitiven auch sein mag, darf doch dessen Wahrscheinlichkeit nicht bestritten werden. Es ist wohl zu erkennen, dass die australische Theologie in den Handlungen des Gottes, der die Welt erschuf und sie erhält, zwei Ziele im Auge hat: die erzeugende Ursache und die befruchtete Materie, die treibende Kraft und den verwandelten Gegenstand, Geist und Materie. Ebenso muss man in den beständigen Wechselwirkungen zwischen dem leuchtenden Geist und der empfänglichen Materie, die er belebt, in den aufeinanderfolgenden Verbindungen des Taaroa mit den verschiedenen Hina-Gestalten, den fortwährenden und wechselnden Einfluss der Sonne erkennen, wie in den Früchten dieser Verbindungen die durch eben diese Elemente hervorgerufenen Wandlungen von Licht und Wärme. Aber hat man dieses Phänomen, von dem aus die beiden Hauptströmungen sich vereinigten, erst einmal vor Augen, so verschmelzen in der Frucht die zeugende Ursache und die befruchtete Materie, in der Bewegung die treibende Kraft und der verwandelte Gegenstand, im Leben Geist und Materie, und das eben erschaffene Weltall ist nichts *als die Schale des Taaroa*!

Aus dem Zwiegespräch zwischen Hina und Tefatou geht hervor, dass Mensch und Erde untergehen, während der Mond und die Wesen, welche ihn bewohnen, fortdauern. Wenn wir uns erinnern, dass Hina die Materie vorstellt – in der sich einem wissenschaftlichen Ausspruch nach „alles verwandelt und nichts vergeht" –, werden wir annehmen müssen, dass der alte maorische Weise, von dem diese Sage stammt, ebenso viel davon wusste wie wir. Die Materie vergeht nicht, das heißt, sie verliert ihre sinnlich wahrnehmbaren Eigenschaften nicht. Der Geist dagegen und die „spirituelle Materie", das Licht, sind Wandlungen unterworfen: es gibt Nacht und den Tod, wo die Augen sich schließen, von denen Helle auszustrahlen schien, die sie zurückwarfen. – Der Geist, oder die höchste aktuelle Manifestation des Geistes ist der Mensch. *Und der Mensch muß sterben ... Er stirbt, um nicht mehr zum Leben zu erwachen.* – Wenn aber der Mensch und die Erde, die Früchte der Verbindung von Taaroa mit Hina, auch untergehen, ist doch Taaroa ewig, und uns wird verkündet, dass Hina, die Materie, fortfahren wird zu sein. In alle Ewigkeit werden nun Geist und Materie, das Licht und der Gegenstand, den es zu erhellen strebt, von dem gemeinsamen Verlangen nach einer neuen Verbindung erfüllt sein, aus der ein neuer „Zustand" der unendlichen Evolution des Lebens hervorgehen wird.

Evolution! ... Einheit des Stoffes ... Wer hätte erwartet, in den Vorstellungen ehemaliger Kannibalen die Beweise einer so hohen Kultur zu finden? Ich kann mit gutem Gewissen sagen, dass ich der Wahrheit nichts zugefügt habe.

Tehura zweifelte zwar durchaus nicht an diesen Abstraktionen, aber sie war nicht davon abzubringen, in den Sternschnuppen schweifende Tupapaüs und trauernde Genien zu sehen. Im selben Sinne wie ihre Vorfahren Taaroa für den Himmel in Person und die von ihm stammende Atuas für Götter und Himmelskörper zugleich hielten, schrieb sie den Sternen menschliche Empfindungen zu. Ich weiß nicht, inwiefern diese poetischen Vorstellungen den Fortschritt der positivsten Wissenschaft hemmen, und bis zu welchem Punkt die höchste Wissenschaft sie verwerfen würde ...

Von einem andern Gesichtspunkt aus wären für das Gespräch zwischen Hina und Tefatou verschiedene Deutungen zulässig. – Der Rat des Mondes, der eine Frau ist, könnte der gefährliche Rat blinden Mitleids und sentimentaler Schwäche sein: Der Mond und die Frauen (in der Vorstellung der Maories) gleichbedeutend mit Materie, brauchten nicht zu wissen, dass der Tod allein die Geheimnisse des Lebens birgt. – Die Antwort des Tefatou könnte ein strenger, aber voraussehender und uneigennütziger Ausspruch von höchster Weisheit sein, die erkennt, dass die individuellen Äußerungen aktuellen Lebens einem höheren Wesen weichen müssen, auf dass es komme, und ihm geopfert werden müssen, auf dass es siege.

Früher hätte diese Antwort die Bedeutung einer nationalen Prophezeiung von noch größerer Tragweite gehabt: Ein großer Geist hätte in alter Zeit die Lebensfähigkeit seiner Rasse studiert und abgeschätzt, hätte die Todeskeime in ihrem Blut ohne die Möglichkeit einer Heilung oder Wiedergenesung vorausgesehen und sich gesagt:

Tahiti wird aussterben, es wird aussterben, um nicht wieder zu erstehen.

*   *   *

Tehura sprach mit einer gewissen religiösen Scheu von jener Sekte oder geheimen Gemeinschaft der Aréoïs, die zur Zeit ihrer Herrschaft die Inseln regierte.

Aus den verworrenen Reden des Kindes sonderte ich Erinnerungen an einen furchtbaren, eigentümlichen Brauch, ich ahnte eine tragische Vergangenheit voll unerhörter Verbrechen, in die einzudringen aber den Neugierigen durch ein streng gehütetes Geheimnis verwehrt war.

Nachdem Tehura mir alles darüber erzählt hatte, was sie wußte, forschte ich überall danach.

Der sagenhafte Ursprung jener mächtigen Gemeinschaft ist dieser:

Oro, der Sohn des Taaroa und nach seinem Vater der höchste der Götter, beschloß eines Tages, unter den Sterblichen eine Gefährtin zu suchen.

Es sollte eine Jungfrau sein, schön und tauglich, mit ihm unter den Menschen eine Rasse zu gründen, die allen bevorzugt und überlegen war.

Er durchschritt also die sieben Himmel und stieg hinunter auf den Païa, einen hohen Berg auf der Insel Bora-Bora, wo seine Schwestern, die Göttinnen Téouri und Oaaoa, wohnten.

Nun trat Oro in Gestalt eines jungen Kriegers und seine Schwestern in junge Mädchen verwandelt, eine Fahrt durch die Insel an, um dort ein Wesen zu suchen, das eines Gottes Kuss würdig wäre.

Oro ergriff den Regenbogen, stützte ein Ende auf den Gipfel des Païa, das andere auf die Erde, und so schritten der Gott und die Göttinnen über Täler und Fluten.

Auf den verschiedenen Inseln, wo man eilte, sie zu empfangen, gaben die Reisenden prunkvolle, wunderbare Feste, zu denen alle Frauen sich drängten.

Und Oro hielt Umschau unter ihnen. Aber sein Herz war betrübt, denn der Gott fand Liebe, aber er liebte nicht. Auf keiner der Menschentöchter weilte sein Blick lange, denn er entdeckte nicht eine der Tugenden und Vorzüge, von denen er geträumt.

Und nachdem viele Tage unter vergeblichem Suchen verstrichen waren, beschloss er, in die Himmel zurückzukehren, als er zu Vaïtapé auf der Insel Bora-Bora eine Jungfrau von seltener Schönheit erblickte, die in dem schönen See von Avaï Aïa badete.

Sie war von hoher Gestalt, und die Sonnenglut brannte und leuchtete auf ihrem herrlichen Fleisch, während der ganze Zauber der Liebe in der Nacht ihres Haares schlummerte.

Entzückt bat Oro die Schwestern, die Jungfrau anzureden.

Er selber zog sich zurück, um das Ergebnis ihrer Sendung auf dem Gipfel des Païa abzuwarten.

Die Göttinnen redeten die Jungfrau mit einem Gruß an, priesen ihre Schönheit und sagten, dass sie aus Avanaü, einem Ort auf Bora-Bora, kämen.

– Unser Bruder lässt dich fragen, ob du einwilligst, sein Weib zu werden.

Vaïraümati – dies war der Name der Jungfrau – blickte die Fremden prüfend an und erwiderte:

– Ihr seid nicht aus Avanaü. Doch ist euer Bruder ein Häuptling, ist er jung und schön, so mag er kommen, Vaïraümati wird sein Weib werden.

Téouri und Oaaoa stiegen unverzüglich zum Païa hinauf, um ihrem Bruder mitzuteilen, dass er erwartet werde.

Sogleich begab Oro sich wie vorher auf dem Regenbogen hinunter nach Vaïtapé.

Vaïraümati hatte zu seinem Empfang eine mit den schönsten Früchten besetzte Tafel und aus den feinsten Matten und seltensten Stoffen ein Lager bereitet.

Göttlich in ihrer Anmut und Kraft, pflegten sie der Liebe in Hain und Flur, am Ufer des Meeres und im Schatten des Tamaris und des Paudanus. Jeden Morgen stieg der Gott auf den Gipfel des Païa, und jeden Abend ging er hinunter, mit ihr zu schlafen.

Kein anderes sterbliches Mädchen durfte ihn in irdischer Gestalt erblicken.

Und stets diente der zwischen Païa und Vaïtapé gespannte Regenbogen ihm als Weg.

Viele Monde hatten geleuchtet und waren wieder erloschen, seitdem die verödeten Sieben Himmel ohne Kunde von Oros Aufenthalt waren. Darum nahmen nun zwei andere Söhne des Taaroa, Orotéfa und Oürétéfa, menschliche Gestalt an und machten sich auf, ihren Bruder zu suchen. Lange irrten sie auf den Inseln umher, ohne ihn zu finden. Endlich jedoch entdeckten sie auf Bora-Bora den jungen Gott, der mit Vaïraümati im Schatten eines heiligen Mangobaumes ruhte.

Sie waren voll Staunen über die Schönheit des jungen Weibes und wollten ihm als Zeichen ihrer Bewunderung einige Geschenke darbieten. Also verwandelte Orotéfa sich in eine Sau und Oürétéfa in rote Federn, nahmen dann gleich wieder menschliche Gestalt an, ohne dass Sau und Federn verschwanden, und näherten sich mit ihren Gaben den Liebenden.

Erfreut empfingen Oro und Vaïraümati die beiden hohen Reisenden.

In derselben Nacht warf die Sau sieben Junge, von denen das erste einer späteren Verwendung vorbehalten blieb; das zweite wurde den Göttern geopfert, das dritte der Gastfreundschaft geweiht und den Fremden angeboten, das vierte nannten sie: Opferschwein zu Ehren der Liebe, das fünfte und sechste sollte bis zur ersten Tracht verschont bleiben, um die Art zu mehren, und das siebente endlich wurde im ganzen auf heißen Steinen gebraten – also nach maorischem Brauch göttlich geweiht – und verzehrt.

Die Brüder des Oro kehrten wieder in die Himmel zurück.

Einige Wochen darauf sagte Vaïraümati zu Oro, dass sie sich Mutter fühle.

Da nahm Oro das erste der sieben Schweine, das verschont geblieben war, und begab sich nach Raïatéa, zu dem großen Maraë, dem Tempel des Gottes Vapoa.

Dort traf er einen Mann namens Mahi, dem er das Schwein übergab, und sprach:

Maï maïtaï oétéinéi boüaa (Nimm dieses Schwein und hüte es wohl).

Und feierlich fuhr der Gott fort:

– Es ist das heilige Schwein. In seinem Blut wird der Bund der Männer gefärbt sein, die von mir stammen. Denn ich bin Vater in dieser Welt. Sie werden sich Oréoïs nennen. Dir übermittle ich ihre

Vorrechte und ihren Namen. Ich selber kann hier nicht länger weilen.

Mahi suchte den Häuptling von Raïatéa auf und erzählte ihm sein Abenteuer. Aber da er das ihm anvertraute heilige Gut nicht hüten konnte, ohne der Freund des Häuptlings zu sein, fügte er hinzu:

– Mein Name sei der deinige und dein Name der meine.

Der Häuptling war es zufrieden, und sie nahmen beide den Namen Taramanini an.

Inzwischen war Oro wieder zu Vaïraümati zurückgekehrt und verkündigte dieser, dass sie einen Sohn gebären würde, den er ihr Hoa Tabou të Raï (heiliger Freund des Himmels) zu nennen gebot.

Dann sprach er:

– Die Zeit ist erfüllet und ich muß dich verlassen.

Er verwandelte sich sodann in eine ungeheure Feuersäule und hob sich majestätisch in die Lüfte bis über den Periréré, den höchsten Berg von Bora-Bora. Und hier entschwand er den Blicken seiner weinenden Gattin und des staunenden Volkes.

Hoa Tabou të Raï ward ein großer Häuptling und tat den Menschen viel Gutes. Bei seinem Tode wurde er in den Himmel erhoben, wo Vaïraümati selber den Rang einer Göttin einnahm.

*   *   *

Oro könnte gut ein umherwandelnder Brahmine sein, der den Inseln – wann? die Lehre des Brahma brachte (auf deren Spuren in der australischen Religion ich schon hinwies).

In der Reinheit dieser Lehre erwachte das maorische Genie. Geister, die fähig waren zu verstehen, erkannten einander und vereinigten sich, – natürlich völlig abgesondert vom Volk, – um die vorgeschriebenen Riten auszuüben. Aufgeklärter als die übrigen ihrer Rasse, rissen sie bald die religiöse und politische Herrschaft über die Inseln an sich, sicherten sich wichtige Vorrechte und gründeten eine starke Übermacht, die in der Geschichte des Inselmeers die glänzendste Periode bildete.

Obwohl sie des Schreibens unkundig gewesen zu sein scheinen, waren die Aréoïs wahre Gelehrte. Sie verbrachten ganze Nächte damit, alte „Aussprüche der Götter" Wort für Wort mit peinlichster Genauigkeit zu erforschen, und sie auszulegen erforderte eine jahrelange Arbeit. Diese ihnen allein zugänglichen Aussprüche der Götter, denen sie höchstens Kommentare beifügen durften, verschaffte den

Aréoïs die Sicherheit eines geistigen Mittelpunkts, regte sie zu gewohnheitsmäßigem Nachdenken an, berechtigte sie zu einer übermenschlichen Mission und gab ihnen ein Ansehen, vor dem jeder sich beugte.

Es gibt in unserm christlichen, lehnspflichtigen Mittelalter ganz ähnliche Einrichtungen wie diese, und ich kenne nichts Furchtbareres als jene religiöse und kriegerische Gemeinschaft, jenes Konzil, das im Namen Gottes Urteile fällte und allmächtig über Leben und Tod entschied.

Die Aréoïs lehrten, dass Menschenopfer den Göttern wohlgefällig seien, und opferten selber in den Maraës alle ihre Kinder außer den Erstgeborenen: Das Symbol dieses blutigen Ritus war die Sage von den sieben Schweinen, die außer dem ersten, dem „heiligen Schwein", alle getötet wurden.

Doch dürfen wir über diese Barbarei nicht voreilig schelten.

Diese grausame Pflicht, der so viele primitive Völkerschaften sich unterwarfen, hatte tiefe Gründe sozialer Art und allgemeinen Interesses.

Bei sehr fruchtbaren Rassen, wie es die der Maories einst war, bedrohte die unbegrenzte Vermehrung der Bevölkerung ihre nationale wie positive Existenz. Das Leben auf den Inseln war zwar mühelos, und es bedurfte keines großen Fleißes, um sich das Notwendige zu verschaffen. Aber das sehr beschränkte Gebiet, von dem unermesslichen, den gebrechlichen Pirogen unzugänglichen Ozean umgeben, wäre für ein sich stetig vermehrendes Volk bald unzureichend geworden. Das Meer hätte nicht mehr genügend Fische geliefert und der Wald nicht genug Früchte. Eine Hungersnot wäre nicht ausgeblieben und hätte, wie sie es immer getan, die Anthropophagie zur Folge gehabt. – Um Männermorde zu vermeiden, beschränkten die Maories sich auf Kinderopfer. Übrigens war Menschenfresserei bereits üblich, als die Aréoïs auftraten, und um diese zu bekämpfen und die Ursache aufzuheben, führten sie den Kindesmord ein, der vielleicht als eine Milderung der Sitten zu bezeichnen wäre, wenn das unheimlich Komische dieser Behauptung auch einem Possenschreiber zur Belustigung dienen könnte. Die Aréoïs mussten wahrscheinlich große Energie anwenden, um diesen Fortschritt durchzusetzen, und erreichten es wohl nur dadurch, dass sie sich in den Augen des Volkes die volle Autorität der Götter anmaßten.

Schließlich wurde der Kindesmord ein mächtiges Mittel der

Zuchtwahl für die Rasse. Das furchtbare Recht der Erstgeburt, ein Recht auf das Leben selber, erhielt die Kraft des Volkes unverkürzt, indem es von den schädlichen Folgen erschöpfter Säfte verschont blieb. Es nährte in all diesen Kindern auch das Bewusstsein unverwüstlichen Stolzes. Die Urkraft und letzte Blüte dieses Stolzes ist es auch, die wir noch bei den letzten Sprösslingen einer großen, im Aussterben begriffenen Rasse bewundern.

Das beständige Beispiel und die häufige Wiederkehr des Todes war schließlich eine erhabene und belebende Lehre. Die Krieger lernten Schmerzen gering schätzen, und die ganze Nation fand eine wohltätige intensive Erregung dabei, die sie vor der tropischen Erschlaffung und entnervender Mattigkeit bei dem fortdauernden Nichtstun bewahrte. Es ist eine historische Tatsache, dass der Niedergang der Maories mit dem gesetzlichen Verbot der Opfer begann, und dass sie von da an allmählich jede moralische Kraft und physische Fruchtbarkeit verloren. Sollte dies auch nicht die Ursache davon sein, so gibt das Zusammentreffen doch zu denken.

Und vielleicht haben die Aréoïs die tiefe Bedeutung und symbolische Notwendigkeit des Opfers verstanden ... Die Prostitution war ihnen eine heilige Pflicht. Bei uns hat sich das geändert. Auch hat sie auf Tahiti keineswegs aufgehört, seit wir es mit den Wohltaten unserer Zivilisation überhäuft haben: Sie blüht fort. Aber sie ist weder Pflicht noch geheiligt, sondern nur ohne Größe und entschuldbar.

Die geistliche Würde ging vom Vater auf den Sohn über, dessen Einweihung schon im Kindesalter begann.

Die Gesellschaft war ursprünglich in zwölf Logen geteilt, deren Großmeister die zwölf obersten Aréoïs waren. Dann kamen die Würdenträger zweiten Ranges und endlich die Lehrjünger. Die verschiedenen Grade unterschieden sich durch besondere Tätowierungen auf den Armen, an den Seiten, den Schultern, Beinen und Knöcheln.

* * *

Der *Matamua* der Aréoïs, eine maorische Szene bei der feierlichen Einsetzung eines Königs in alter Zeit:

Der neue Herrscher verlässt, in prächtige Gewänder gekleidet und von den Vornehmsten der Inseln umgeben, seinen Palast. Vor ihm schreiten die Großmeister der Aréoïs mit seltenen Federn im Haar.

Er begibt sich mit seinem Gefolge zum Maraë.

Als die Priester, die ihn an der Schwelle erwarten, seiner ansichtig werden, verkünden sie unter lautem Trompetenschall und Trommelschlag, dass die Zeremonie beginnt.

Dann beim Eintritt in den Tempel mit dem König legen sie ein Menschenopfer, einen Leichnam, vor das Bild des Gottes.

Der König spricht und singt mit den Priestern vereint Gebete, worauf der Priester das Opfer beider Augen beraubt. Er bietet das rechte Auge dem Gotte dar und das linke dem König; dieser öffnet den Mund, wie um das blutige Auge zu verschlingen, aber der Priester zieht es zurück und legt es wieder zu dem Körper[6].

Nun wird die Statue des Gottes auf eine geschnitzte, von Priestern getragene Bahre gestellt. Auf den Schultern der beiden Oberpriester sitzend, folgt der König dem Götzenbild, von den Aréoïs wie zu einer Abreise begleitet, bis zum Ufer des Meeres. Auf dem ganzen Wege fahren die Priester fort die Trompete zu blasen, die Trommel zu schlagen.

Die Menge geht ehrfurchtsvoll und still hinterher.

An der Bucht wiegt sich die heilige, zu dieser Feier mit grünen Zweigen und Blumen geschmückte Piroge. Zuerst wird das Götzenbild darin untergebracht, dann der König seiner Gewänder entledigt, und die Priester geleiten ihn in das Meer, wo die Atuas-Mao (Götter-Haie) ihn in den Fluten waschen und liebkosen.

So zum andernmal vom Kuss des Meeres im Beisein des Gottes geweiht, wie zuvor das erste Mal in dessen Tempel, besteigt der König die heilige Piroge, wo der Oberpriester ihn mit dem *maro oüroü* umgürtet und um sein Haupt das *taoü mata*, die Binden der Herrschaft, windet.

Vorn im Boot stehend zeigt der König sich nun dem Volk.

Und dieses bricht bei dem Anblick endlich das lange Schweigen, und überall ertönt der feierliche Ruf:

– *Maëva Arii* (Es lebe der König)!

Nachdem der erste laute Jubel sich gelegt hat, wird der König auf das heilige Lager gebettet, wo eben das Götzenbild geruht, und alle kehren auf demselben Wege, fast in derselben Reihenfolge wie vorher, zum Maraë zurück.

Wieder tragen die Priester das Götzenbild und die Oberpriester

---

6   Die symbolische Bedeutung dieses Ritus, das klare Verbot der Anthropophagie, ist nicht zu verkennen.

den König, und der Zug wird abermals mit Musik und Tanz eröffnet.

Das Volk folgt hinterher. Aber jetzt rufen sie, ihrer Freude überlassen, fortwährend:

– Maëva Arii!

Das Götzenbild wird feierlich auf seinen Altar zurückgestellt.

Und damit schließt die religiöse Feier. Nun soll das Volksfest seinen Anfang nehmen.

Wie den Göttern im Tempel und der Natur im Meer, wird der König sich dem Volke weihen[7]. – Auf Matten gebettet muß der König jetzt die *höchste Huldigung des Volkes* entgegennehmen.

Die frenetische Huldigung eines wilden Volkes.

Eine ganze Menge in Bezeigung ihrer Liebe für *einen Menschen*, und dieser Mensch ist der König. Großartig bis zum Schrecken, bis zum Entsetzen ist dieses Schauspiel zwischen der Menge und dem einen Menschen. Morgen wird er Herr sein, er wird nach Belieben mit Geschicken schalten, über die er zu bestimmen hat, und die ganze Zukunft ist sein! Der Menge gehört nur diese eine Stunde.

Völlig nackt, in lasziven Tänzen umkreisen Männer und Frauen den König und bemühen sich, gewisse Teile seines Körpers mit gewissen Teilen des ihren zu streifen, eine Berührung ist dabei nicht immer zu vermeiden. Und die Raserei des Volkes steigert sich bis zur Tollheit. Die ganze friedliche Insel hallt von furchtbarem Geschrei wieder, und der hereinbrechende Abend zeigt das phantastische Bild einer verzückten wahnsinnigen Menge.

Aber plötzlich schmettert der Klang der heiligen Trompeten und Trommeln.

Die Huldigung ist zu Ende, zu Ende das Fest, das Signal zum Rückzug ertönt. Selbst die Rasendsten gehorchen, alles beruhigt sich, und jäh tritt absolute Stille ein.

Der König erhebt sich und kehrt feierlich, majestätisch, von seinem Gefolge geleitet, in seinen Palast zurück.

*   *   *

Seit etwa vierzehn Tagen wimmelte es von sonst selten auftreten-

---

7   Es ist zu befürchten, dass die Missionare (von denen diese Überlieferungen stammen) zu einem leicht zu erratenden Zweck, in diesem wie vielen anderen Punkten, die Vorfahren ihrer Pfarrkinder verleumdet haben. Aber trotz alles Brutalen, Grotesken und vielleicht Abstoßenden wird man doch zugeben müssen, dass dieser merkwürdige Ritus nicht einer eigentümlichen Schönheit entbehrt.

den Fliegen, die unerträglich wurden.

Aber die Maories freute es, denn die Thunfische und andere Fische stiegen vom Grunde an die Oberfläche. Die Fliegen kündigten die Zeit des Fischfangs, die Zeit der Arbeit an. Man vergesse nicht, dass Arbeit auf Tahiti ein Vergnügen ist.

Jeder prüfte die Haltbarkeit seiner Netze und seine Angeln. Frauen und Kinder halfen mit ungewöhnlichem Eifer Netze oder vielmehr lange Gitter von Kokosnussblättern an den Strand und auf die Korallenriffe zwischen Land und Klippen schleppen. Auf diese Art werden gewisse Köderfischchen gefangen, die am schmackhaftesten für die Thunfische sind.

Als die Vorbereitungen beendet waren, was etwa drei Wochen in Anspruch genommen hatte, wurden zwei große, miteinander verbundene Pirogen aufs Meer gelassen, an denen vorn eine sehr lange, mit einem Angelhaken versehene Stange angebracht war, die mittels zweier hinten befestigter Taue schnell gehoben werden konnte. Sobald der Fisch angebissen hat, wird er sofort herausgezogen und in dem Fahrzeug untergebracht.

Eines schönen Morgens zogen wir (ich war – natürlich – mit bei dem Fest) aufs Meer hinaus und hatten die Klippenreihe bald glücklich hinter uns. Wir wagten uns ziemlich weit hinaus. Ich sehe noch eine Schildkröte, die uns, den Kopf überm Wasser, im Vorüberfahren nachschaute.

Die Fischer waren alle in fröhlicher Stimmung und ruderten eifrig.

Wir kamen den *Grotten* von *Mara*[8] gegenüber an eine Stelle, *Thunloch* genannt, wo das Wasser sehr tief ist.

Dort, sagt man, schlafen die Thunfische nachts in einer Tiefe, die den Haifischen unerreichbar ist.

Nach Fischen spähend, schwebte eine Wolke von Seevögeln über dem Loch. Sobald einer an der Oberfläche erscheint, stoßen die Vögel mit unglaublicher Geschwindigkeit darauf herab und steigen mit einem Bissen im Schnabel wieder in die Höhe.

So herrscht im Meer und in der Luft, selbst in unseren Pirogen nur der Gedanke an Blut und Mord.

Als ich meine Gefährten fragte, warum sie nicht eine lange An-

---

8   Das Wort *Mara* kommt in der Sprache der Buddhisten vor, wo es *Tod* bedeutet und, davon abgeleitet, *Sünde*.

gelschnur in das Thunloch hinunterließen, erwiderten sie, dass es unmöglich sei, es wäre ein geheiligter Ort:

– Der Gott des Meeres wohne da.

Ich vermutete eine Sage dahinter und ließ sie mir erzählen.

* * *

„Roüa Hatou, eine Art tahitischer Neptun, schlief auf dem Meeresgrund an dieser Stelle.

Ein Maorie war einst so tollkühn dort zu fischen, und da sein Angelhaken sich in den Haaren des Gottes verfing, erwachte dieser.

Zornig stieg er an die Oberfläche, um zu sehen, wer die Kühnheit gehabt, seine Ruhe zu stören, und als er sah, dass der Schuldige ein Mensch war, beschloss er die ganze Menschenrasse zu vertilgen, um die Ruchlosigkeit des einen zu sühnen.

Der Strafe entging jedoch – durch unerklärliche Nachsicht – gerade der Missetäter selber.

Der Gott gebot ihm, mit seiner ganzen Familie auf den *Toa Marama* zu gehen, nach einigen eine Insel oder ein Berg, nach andern eine Piroge oder „Arche".

Als der Fischer sich mit den Seinen an den bezeichneten Ort begeben hatte, begannen die Wasser des Meeres zu steigen. Sie bedeckten allmählich selbst die höchsten Gipfel, und alles Lebende bis auf jene, die sich zum Toa Marama geflüchtet hatten, kam darin um.

Später bevölkerten sie die Insel aufs neue[9]."

* * *

Wir ließen also das Thunloch hinter uns, und der Führer der Piroge bezeichnete einen Mann, der die Stange ins Meer lassen und die Angel auswerfen mußte.

Lange Minuten wurden gewartet, kein Thunfisch biss an.

Ein anderer Ruderer kam an die Reihe, und diesmal biß ein prachtvoller Thunfisch an und bog die Stange hinunter. Vier kräftige Arme hoben sie empor, indem sie die Taue hinten anzogen, und der Fisch erschien an der Oberfläche. Aber gleichzeitig schnellte ein riesiger Hai über die Wogen: Ein paar furchtbare Bisse, und wir hatten nichts weiter am Angelhaken als einen abgetrennten Kopf.

Nun gab der Führer mir ein Zeichen, und ich warf die Angel aus.

---

9   Die Legende ist *eine* der vielen maorischen Erklärungen der Sintflut.

Nach ganz kurzer Zeit fischten wir einen riesenhaften Thunfisch. – Ohne es viel zu beachten, hörte ich meine Nachbarn unter sich kichern und tuscheln. – Das durch Stockschläge auf den Kopf getötete Tier wand sich auf dem Boden des Fahrzeuges, und sein Leib, jetzt einem schillernden Spiegel gleich, entsandte tausend blitzende Strahlen.

Ein zweites Mal hatte ich ebenfalls Glück.

Meine Gefährten beglückwünschten mich fröhlich, nannten mich einen Glückspilz, und in meinem Stolz widersprach ich nicht.

Aber in dem einstimmigen Lob unterschied ich, wie bei meinem ersten Versuch, ein unerklärliches Lachen und Getuschel.

Das Fischen währte bis zum Abend. Als der Vorrat der kleinen Köderfische erschöpft war, entzündete die Sonne rote Flammen am Horizont, und unser Fahrzeug war mit zehn prächtigen Thunfischen beladen.

Wir bereiteten uns zur Rückfahrt vor. Während alles instandgesetzt wurde, fragte ich einen jungen Burschen nach dem Sinn der ganz leise gewechselten Worte und nach dem Lachen, das beide Male meinen Fang begleitet hatte. Er weigerte sich zu antworten. Aber ich ließ nicht nach, denn ich wusste, wie gering die Widerstandskraft des Maorie ist und wie bald er energischem Drängen nachgibt.

Schließlich vertraute er mir an: Wem der Thunfisch in den Angelhaken beißt – und meine hatten das beide getan, – dem ist zu Haus die Vahina untreu.

Ich lächelte ungläubig.

Und wir kehrten zurück.

Die Nacht bricht in den Tropen schnell herein. Es galt ihr zuvorzukommen. Zweiundzwanzig muntere Pageien (schaufelartige Ruder) tauchten gleichzeitig ins Wasser, und um sich anzufeuern, stießen die Ruderer im Takt dazu laute Rufe aus. Unsere Piroge hinterließ eine phosphorleuchtende Furche.

Mir war zumute wie auf einer tollen Flucht: die ergrimmten Herrscher des Ozeans verfolgten uns, und um uns schnellten, wie phantastische Scharen unbestimmter Gestalten, die aufgeschreckten, neugierigen Fische empor.

In zwei Stunden erreichten wir die äußersten Klippen.

Die Brandung ist dort gewaltig, und die Fahrt des Seegangs wegen gefährlich. Es ist kein Leichtes, die Piroge richtig vor die Sandbank zu steuern. Aber die Eingeborenen sind gewandt, und ich verfolgte mit lebhaftem Interesse, jedoch nicht ganz ohne Furcht, die Operation, die glänzend vonstattenging.

Vor uns war das Land von lohenden Feuern erhellt, – es waren enorme Fackeln von Zweigen des Kokosnussbaumes. Der Anblick der auf dem Sande am Ufer des beleuchteten Meeres lagernden Fischerfamilien war wunderbar. Einige saßen reglos da, andere liefen, die Fackeln schwingend, den Strand entlang, die Kinder sprangen hin und her, und man vernahm in der Ferne ihr stilles Geschrei.

Mit leichtem Schwung fuhr unsere Piroge auf den Strand, und die Verteilung der Beute begann sogleich.

Alle Fische wurden auf die Erde gelegt, und der Anführer teilte sie in so viele gleiche Teile, wie die Anzahl der Personen – Männer, Frauen und Kinder – betrug, die sich am Fischfang und dem Fischen der Köderfischchen beteiligt hatten.

Es waren 37 Teile.

Ohne Zeit zu verlieren, nahm meine Vahina ein Beil, spaltete Holz damit und zündete ein Feuer an, während ich noch ein wenig Toilette machte und mich wegen der Nachtkühle einhüllte.

Von unseren beiden Anteilen wurde der eine gekocht, und den anderen bewahrte Tehura roh auf.

Dann fragte sie mich des langen und breiten über die verschiedenen Vorkommnisse beim Fischfang aus, und ich befriedigte willfährig ihre Neugierde. Genügsam und kindlich erheiterte sie sich an allem, und ich beobachtete sie, ohne sie meine geheimen Gedanken merken zu lassen. Im Grunde meiner Seele war ohne jede Ursache eine Unruhe erwacht, die nicht zu beschwichtigen war. Ich brannte darauf, an Tehura eine Frage zu stellen – eine gewisse Frage ... und es half mir nichts, mir zu sagen: Wozu? Ich antwortete mir selber: Wer weiß?

*　　*　　*

Die Zeit des Schlafengehens kam heran, und als wir beide ausgestreckt nebeneinanderlagen, fragte ich plötzlich:

– Bist du vernünftig gewesen?

– Ja.

– Und dein Geliebter, war er nach deinem Geschmack?

– Ich habe keinen Geliebten.

– Du lügst, der Fisch hat es verraten.

Tehura erhob sich und blickte mich starr an. Ihr Antlitz hatte einen seltsamen mystischen Ausdruck majestätischer Größe, der mir fremd war und den ich in ihren heiteren, fast kindlichen Zügen nie vermutet hätte.

Die Atmosphäre in unserer kleinen Hütte hatte sich verwandelt: Ich fühlte, dass etwas Erhabenes sich zwischen uns erhob. Und wider Willen unterlag ich dem Einfluss des Glaubens und erwartete eine Botschaft von oben. Ich zweifelte nicht, dass sie kommen würde, obwohl die fruchtlosen Bedenken unseres Skeptizismus dieser glühenden, wenn auch nur einem Aberglauben geltenden Inbrunst gegenüber noch ihre Macht auf mich ausübten.

Tehura schlich leise zur Tür, um sich zu vergewissern, dass sie gut verschlossen war, und als sie bis in die Mitte der Kammer zurückgekommen war, sprach sie folgendes Gebet:

Rette mich! Rette mich!

Es ist Abend, es ist Abend der Götter.

Wache über mich, o mein Gott!

Wache über mich, o mein Herr!

Behüte mich vor Betörung und schlechten Ratschlägen.

Bewahre mich vor einem plötzlichen Tode,

Vor dem Bösen und Verwünschungen;

Bewahre mich vor Streit um die Teilung des Landes,

Möge Frieden herrschen unter uns!

O mein Gott, schütze mich vor den rasenden Kriegern!

Hüte mich vor dem, der mich bedroht,

Den es freut zu ängstigen,

Vor dem, dessen Haar sich beständig sträubt!

Auf dass ich und mein Geist leben können,

O mein Gott!

An diesem Abend, wahrlich, habe ich mit Tehura gebetet.

Als sie ihr Gebet beendet hatte, kam sie mit Tränen in den Augen zu mir hin und flehte mich an, sie zu schlagen.

Und vor dem tiefen Ernst dieses Antlitzes, vor der vollkommenen Schönheit dieser lebenden Statue glaubte ich, die von Tehura heraufbeschworene Gottheit selber vor mir zu sehen.

Verflucht sei ewig meine Hand, wenn sie es wagte, sich gegen ein Meisterwerk der Natur zu erheben!

Sie wiederholte ihr Flehen, sie zu schlagen.

– Tust du es nicht, so zürnst du lange und wirst krank.

Ich küsste sie.

Und jetzt, wo ich sie ohne Misstrauen liebe, so liebe, wie ich sie bewunderte, kamen mir die Worte Buddhas auf die Lippen:

„Ja, durch Sanftmut muss man den Zorn besiegen, durch das Gute Böses, und durch Wahrheit Lüge."

Diese Nacht ward göttlich, köstlicher als die anderen alle – und strahlend erwachte der Tag.

Frühmorgens brachte ihre Mutter uns einige frische Kokosnüsse.

Mit einem Blick befragte sie Tehura.

Sie wusste.

Mit feinem Mienenspiel sagte sie zu mir:

– Du warst gestern auf dem Fischfang, ist alles gut verlaufen?

Ich erwiderte:

– Ich hoffe, bald wieder dabei zu sein.

*   *   *

Ich war genötigt, nach Frankreich zurückzukehren. Wichtige Familienangelegenheiten riefen mich zurück.

Lebe wohl, gastfreies Land, köstliches Land, Heimat der Freiheit und der Schönheit!

Zwei Jahre älter geworden und um zwanzig Jahre verjüngt, gehe ich fort, *verwilderter* als ich gekommen war und doch *gescheiter*.

Die Wilden, diese Unwissenden, haben den alten Kulturmenschen vieles gelehrt, vieles in der Kunst zu leben und glücklich zu sein: Vor allem haben sie mich gelehrt, mich selber besser zu kennen, ich habe von ihnen nur tiefste Wahrheit gehört.

War das dein Mysterium, du geheimnisvolle Welt? Du hast mir

Licht gebracht, und ich bin gewachsen in der Bewunderung deiner antiken Schönheit, der unvergänglichen Jugend der Natur.

Das Verständnis und die Liebe zu der Seele deiner Menschen, zu dieser Blume, die aufhört zu blühen, und deren Duft niemand mehr einatmen wird, hat mich besser gemacht.

*   *   *

Als ich den Quai verließ, um an Bord zu gehen, sah ich Tehura zum letzten Mal.

Sie hatte Nächte hindurch geweint, jetzt saß sie erschöpft und traurig, aber ruhig mit herabhängenden Beinen auf einem Stein, und ihre starken, festen Füße berührten das schmutzige Wasser.

Die Blume, die sie am Morgen hinters Ohr gesteckt hatte, war welk auf ihre Knie herabgefallen.

Hier und dort starrten andere, wie sie, matt, schweigend, düster, gedankenlos, auf den dichten Qualm des Schiffes, das uns alle für immer weit forttragen sollte.

Und von der Schiffsbrücke aus glaubten wir, während wir uns immer weiter entfernten, mit dem Fernglas auf ihren Lippen noch lange jene alten maorischen Verse zu lesen:

Ihr leisen Winde von Süd und Ost,

Die ein zärtlich Spiel über meinem Haupte vereint,

Eilt schnell zur nächsten Insel hin.

Dort findet ihr im Schatten seines Lieblingsbaumes

Ihn, der mich verlassen hat.

Sagt ihm, dass ihr in Tränen mich gesehn.

BUCHTIPPS

NATURWISSENSCHAFT, PHYSIK UND ASTRONOMIE

– **Äquivalenz von Information und Energie.** Von: K.-D. Sedlacek
– **Das Gesetz im Zufall:** Wie sich verborgene Gesetzlichkeit manifestiert. Von: Moritz Cantor u. K.-D. Sedlacek (Hrsg.)
– **Die Transzendenz der Realität** : Spuren einer allumfassenden transzendenten Realität jenseits von Raum und Zeit. Von: K.-D. Sedlacek
– **Einsteins Relativitätstheorie ganz ohne Mathematik.** Spezielle und allgemeine Relativitätstheorie. Von: Prof. Dr. Paul Kirchberger u. K.-D. Sedlacek (Hrsg.)
– **Freizeitvergnügen Sternenhimmel mit bloßem Auge:** Wie man Sternbilder auffindet ohne Instrumente. Von: Prof. Dr. Paul Kirchberger u. K.-D. Sedlacek (Hrsg.)
– **Phänomen Naturgesetze:** Das Geheimnis hinter den Erscheinungen der Welt. Von: K.-D. Sedlacek
– **Supervereinigung:** Wie aus nichts alles entsteht. Von: K.-D. Sedlacek
– **Die Natur psycho-physikalischer Phänomene.** Erforschung telekinetischer Vorgänge. Von: Schrenck-Notzing, A. u. Klaus D Sedlacek (Hrsg.)
– **Giganten der Physik.** Die Top10-Physiker der Menschheitsgeschichte. Von: Klaus-Dieter Sedlacek (Hrsg.)
– **Der allmächtige Informatiker:** Das Mysterium des Universums. Von Sir James Jeans u. K.-D. Sedlacek (Hrsg.)
– **Der verborgene Mechanismus des Weltgeschehens:** Neue Erkenntnisse über die Gestalten biotechnischer Systeme der Welt. Von: Dr. h. c. Raoul Francé u. K.-D. Sedlacek
– **Der erdgeschichtliche Klimawandel:** Den wahren Ursachen von Klimaschwankungen auf der Spur. Von Wilhelm Bölsche u. K.-D. Sedlacek (Hrsg.)
– **Wege zur physikalischen Erkenntnis.** Meine wissenschaftlichen Selbstbiographie, Reden und Vorträge. Von **Max Planck** u. K.-D. Sedlacek (Hrsg.)
– **Leonardo da Vinci:** Seine naturwissenschaftlichen Studien und genialen Erfindungen. Von Hermann Grothe u. K.-D. Sedlacek (Hrsg.).
– **The philosophy of physical science.** By Sir Arthur Eddington.
– **The nature of the physical world.** By Sir Arthur Eddington.
– **Leben in der Warmzeit der Erde.** Aus den Urtagen vor dem heutigen Klimawandel. Von Wilhelm Bölsche und K.-D. Sedlacek (Hrsg.
– **Treibhauseffekt und Klimawandel:** Energiewende, ja bitte, aber nicht wegen CO_2. Von Klaus-Dieter Sedlacek (Hrsg.)

CHEMIE

– **Der Stein der Weisen:** Wie die Alchemie zur Chemie wurde. Von: Wilhelm Ostwald et. al. u. K.-D. Sedlacek (Hrsg.)
– **Durchblick Chemie:** Praktische Grundlagen und Einführung in die anorganische, organische und Biochemie. Von: Prof. Dr. Lassar-Cohn, Prof. Dr. W. Löb, K.-D. Sedlacek

NATUR- UND PHILOSOPHIE

– **Die letzten Ursachen.** Das Buch der Naturerkenntnis. Von: K.-D. Sedlacek
– **Gebundener Wille:** Wie frei ist menschlicher Wille tatsächlich? Von: K.-D. Sedlacek, G.F. Lipps et. al.
– **Jenseits der Erscheinungen:** Erkennbarkeit und Realität der Quantennatur. Von: Prof. Dr. M. Schlick u. K.-D. Sedlacek (Hrsg.)
– **Kleines Wörterbuch der Natur-Philosophie:** 1200 Begriffe, die man kennen sollte, kurz und prägnant. Von: K.-D. Sedlacek
– **Naturphilosophie:** Das Wesen von Naturgesetzen und die Erklärung des Lebens. Von: Prof. Dr. M. Schlick u. K.-D. Sedlacek (Hrsg.)
– **Vereinbarkeit von Religion und Naturwissenschaft.** Von: Kurd Laßwitz u. K.-D. Sedlacek (Hrsg.)
– **Das Konzept des Guten.** Sinnliches

BUCHTIPPS

Empfinden – Der Ursprung unserer Wertvorstellungen. Von: Klaus-Dieter Sedlacek (Hrsg.)

– Ist echte Erkenntnis möglich? Einführung in die Erkenntnistheorie. Von: Prof. Dr. Erich Becher u. K.-D. Sedlacek (Hrsg.)
– Das individuelle Ich: Was ist der Kern des Selbstbewusstseins? Von: Th. Lipps u. K.-D. Sedlacek (Hrsg.).
– Persönlichkeit und Unsterblichkeit: In welcher Form existiert ein Weiterleben nach dem zeitlichen Ende? Von: Wilhelm Ostwald u. K.-D. Sedlacek (Hrsg.)
– Die idealistischen Grundwerte unserer Kultur. Von Johannes M. Verweyen u. K.-D. Sedlacek (Hrsg.)
– Was sind Wirklichkeiten? Aufgedeckte Naturgeheimnisse. Von Kurd Laßwitz u. K.-D. Sedlacek (Hrsg.)

BEWUSSTSEIN

– Leben nach dem Leben: Befreiung des Bewusstseins von den Fesseln der Zeit. Von: K.-D. Sedlacek
– Quantenbewusstsein. Von: N. Wrobel u. K.-D. Sedlacek
– Synthetisches Bewusstsein. Von: K.-D. Sedlacek
– Unsterbliches Bewusstsein: Raumzeit-Phänomene, Beweise und Visionen. Von: K.-D. Sedlacek

LEBEN UND MEDIZIN

– Leben aus Quantenstaub. Von: N. Wrobel u. K.-D. Sedlacek,
– Was ist Krankheit? Von: N. Wrobel u. K.-D. Sedlacek
– Bewusstsein und Unsterblichkeit. Von: C. L. Schleich u. K.-D. Sedlacek (Hrsg.)
– Die Lebenskraft: Wie Enzyme, Bewusstsein und quantenbiologische Effekte das Leben regulieren. Von: K.-D. Sedlacek u. N. Wrobel,
– Die verborgene Ordnung des Weltsystems. Neue Erkenntnisse über die schöpferischen Kräfte der Natur. Von: Dr. h. c. Raoul Francé u. K.-D. Sedlacek (Hrsg.)
– Homöopathie und Praxis:

Naturheilkundliche alternative Medizin für den mündigen Patienten. Von: Dr. med. J. Voorhoeve u. K.-D. Sedlacek (Hrsg.)
– Eine andere Sicht auf die Entstehung der sporadischen Form der Alzheimer-krankheit. Von Norbert Wrobel u. K.-D. Sedlacek (Hrsg.)
– Bleib beweglich und fit ohne Geräte. Leichte ärztliche Zimmergymnastik für jedes Alter. Von Moritz Schreber.
– Plötzlich gesund. Medizinische Wunderheilungen und die Macht organische Leiden psychisch zu beeinflussen. Von Erwin Liek.

PSYCHOLOGIE

– Gestalt-Psychologie: Einführung in die neue Psychologie vom Begründer der Gestaltpsychologie. Von: Prof. Dr. Kurt Koffka u. K.-D. Sedlacek (Hrsg.)
– Die ersten Spuren psychischer Erscheinungen: Das psychische Leben von Mikroorganismen – Eine Studie in experimenteller Psychologie. Von Alfred Binet u. K.-D. Sedlacek (Übers.)
– Allgemeine moderne Psychologie: Systematische Einführung in die Wissenschaft psychischer Prozesse. Von August Messer u. K.-D. Sedlacek (Hrsg.).
– Strahlende Kräfte durch positives Denken: Die Wurzeln des Erfolgs und Wege zum Glück. Von Emil Peters u. K.-D. Sedlacek (Hrsg.)
– Neue praktische Menschenkenntnis. Ein Ratgeber zur Menschenbehandlung mit zahlreichen Bildern und Beispielen. Von Johannes Maria Verweyen.
– Massenpsychologie am Beispiel Jan Bockelsons. Geschichte eines Massenwahns mit einer Einführung von Sigmund Freud. Von Friedrich Reck-Malleczewen u. K.-D. Sedlacek (Hrsg.)

BIOLOGIE

– Wie intelligent sind Pflanzen? Sensationelle Einblicke in die geheime Seite des pflanzlichen Wesens. Von Prof. Dr. phil.

BUCHTIPPS

Adolf Wagner u. K.-D. Sedlacek
– **Über Menschenaffen, Tierseele und Menschenseele**: Intelligenzprüfungen an Hominiden. Von Wilhelm Bölsche et. al. und K.-D. Sedlacek (Hrsg.)

GESCHICHTE, VOR- U. FRÜHGESCHICHTE

– **Die geheimnisvolle Kultur der alten Kelten.** Von Druiden, Fürstensitzen und der Lebensart unserer frühgeschichtlichen Vorfahren. Von Georg Grupp u. K.-D. Sedlacek (Hrsg.)
– **Der Alchemist Leonhard Thurneysser:** Die Lebensgeschichte des Goldmachers von Berlin. Von Klaus-Dieter Sedlacek (Hrsg.)
– **Es begann mit Feuerskraft.** Das Werden des Menschen und seiner Kultur. Von Carl W. Neumann u. K.-D. Sedlacek (Hrsg.)
– **Gefangen zwischen Eisschollen:** Die dramatische Entdeckungsgeschichte der Antarktis. Von Klaus-Dieter Sedlacek (Hrsg.)

RATGEER

– **Kultur erleben mit den Wohnmobil in Frankreich:** Vierzig kulturelle Highlights, Park- und Übernachtungspätze sowie Navigationskoordinaten. Von Klaus-Dieter Sedlacek
– **Kochbuch für ganze Kerle:** Kräftige und Feinschmeckergerichte für Freizeit und Camping. Von K.-D. Sedlacek (Hrsg.)
– **Der Weg zu Wohlstand und Reichtum:** Goldene Regeln für den Aufbau einer selbständigen Existenz. Von P.T. Barnum u. K.-D. Sedlacek (Hrsg.)

FORSCHUNGSREISEN U. ABENTEUER

– **Meine erste Weltumsegelung:** Tagebuch einer epochalen Expedition. Von James Cook u. K.-D. Sedlacek (Hrsg.)

– **Exotische Reise durch Persien:** Abenteuerlicher Bericht aus einer fremdartigen Welt des 19ten Jahrhunderts. Von Pierre Loti u. K.-D. Sedlacek (Hrsg.)
– **Mit der Beagle um die Welt:** Bericht meiner Forschungsreise zum Galapagos-Archipel. Von Charles Darwin u. K.-D. Sedlacek (Hrsg.)
– **Peking-Paris im Automobil:** Die legendäre 16.000 km – Rallye 1907. Von Luigi Barzini u. K.-D. Sedlacek (Hrsg.)

EBOOK-REIHE "WISSEN UND WIRKEN"

Nr.;Titel;Untertitel;Autor

1: Herrscher über die Natur ; Anfänge der Naturbeherrschung - Frühformen der Mechanik - und der Erfindungsgeist der Naturvölker ;Von Weule, Karl

2: Was man über Chemie wissen sollte ; Chemie im täglichen Leben ;Von Cohn, Lassar

3: Gesundheitsschädlicher Bio-Feinstaub ; Die Biologie des atmosphärischen Staubes (Aeroplankton) ;Von Molisch, Hans

4: Transzendenz und Unendlichkeit; Die Welt- und Lebensanschauungen eines Physikers ;Von Weinstein, Max Bernhard

5: Der Traum vom Perpetuum mobile ; Über die Wechselwirkungen der Naturkräfte ;Von Helmholtz, Hermann von

6: Babel und Bibel; Vortrag über die babylonischen Wurzeln der Bibel ;Von Delitzsch, Friedrich

7: Der Mann, der "Ich denke, also bin ich" sagte ;Eine kurze René Descartes Biografie ;Von Sedlacek, Klaus-Dieter (Hrsg.)

8: Astronomische Miniaturen ; Einführung in die Fixsternastronomie ;Von Strömgren, Elis

9: Wie Zufälligkeiten das Leben bestimmen ; Über den Zufall und den alles durchdringenden Geist ;Von Lasson, Adolf

10: Optische Täuschungen ; und Illusionen, sowie ihre Ursachen ; Von Reuss, August von

11: Der Arzt Robert Mayer ; und seine Entdeckung der Energieerhaltung in thermodynamischen Systemen ; Von Lippmann, Edmund Oskar von

12: Relativitätstheorie und Philoso-

phie ; Über die natur-logische Deutung empirischer Ergebnisse ;Von Driesch, Hans

13: Zur Psychologie der prähistorischen Kunst ; Der tiefgreifende Umschwung im menschlichen Geistesleben ;Von Verworn, Max

14: Sympathie und Antipathie ; Wie der Geruchssinn unsere Gefühle steuert ;Von Jaeger, Gustav

15: Der Ursprung des Lebens ; Hypothesen und neue Erkenntnisse ;Von Preyer, William

16: Tierleben der Tiefsee ; Aus dunklen Tiefen ans Licht geholt ;Von Seeliger, Oswald

17: Die Psychoanalyse des Organischen ; Sechs Vorträge und Aufsätze vom Wegbereiter der Psychosomatik ;Von Groddeck, Georg

18: Giordano Bruno ; Seine Lebensgeschichte ;Von Riehl, Alois

19: Highlights Keltischer Kunst ; Ornamentale Ideoplastik ;Von Verworn, Max

20: Klimaänderungen und Klimaschwankungen ; Ursachen, historische Fakten und kosmische Einflüsse, sowie ein Anhang "Mittelalterliche Warmzeit" ;Von Brück-ner, Eduard; Hann, Julius

21: Liebesbeziehungen und deren Störungen ; Lebensführung nach den Grundsätzen der Individualpsychologie ;Von Adler, Alfred

22: Ägypten zur Zeit der Pyramidenbauer ; Mit 16 Abbildungen im Text und 17 Bildtafeln ;Von Meyer, Eduard

23: Theophrastus Paracelsus ; Der Wegbereiter neuzeitlicher Medizin ;Von Kahlbaum, Georg W. A.

24: Endziel Weltfrieden ; Die Organisation der Welt ;Von Schücking, Walther

25: Kann das Geld abgeschafft werden; Volkswirtschaftliche Zusammenhänge und Tatsachen ; Von Cohn, Dr. Arthur Wolfgang

26: Der Konflikt der modernen Kultur; Vortrag 1921; Vom Kulturphilosophen Georg Simmel

27: Mrs. Hills Spezialrezepte für selbstgemachte Pralinen und anderes Konfekt; 46 Home Made Candys aus Uromas Küche; Von Mrs. Janet McKenzie Hill

Zum Buchshop:

https://lesestoff.eu